本书由
中央高校建设世界一流大学（学科）
和特色发展引导专项资金
资助

中南财经政法大学"双一流"建设文库

创 | 新 | 治 | 理 | 系 | 列 |

包容性增长框架下财政预算审计监督一体化改革研究

李 璐 著

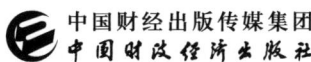

中国财经出版传媒集团
中国财政经济出版社

图书在版编目（CIP）数据

包容性增长框架下财政预算审计监督一体化改革研究／李璐著． ——北京：中国财政经济出版社，2019.12

（中南财经政法大学"双一流"建设文库．创新治理系列）

ISBN 978 – 7 – 5095 – 9392 – 9

Ⅰ．①包… Ⅱ．①李… Ⅲ．①财政预算－审计监督－研究－中国 Ⅳ．①F812.3

中国版本图书馆 CIP 数据核字（2019）第 246447 号

责任编辑：武志庆　　　　　　　责任校对：李　丽
封面设计：陈宇琰

包容性增长框架下财政预算审计监督一体化改革研究
BAORONGXING ZENGZHANG KUANGJIAXIA CAIZHENG
YUSUAN SHENJI JIANDU YITIHUA GAIGE YANJIU

中国财政经济出版社 出版

URL：http：//www.cfeph.cn
E – mail：cfeph@cfemg.cn

（版权所有　翻印必究）

社址：北京市海淀区阜成路甲 28 号　邮政编码：100142
营销中心电话：010 – 88191537
北京财经印刷厂印装　各地新华书店经销
787×1092 毫米　16 开　12.5 印张　202 000 字
2019 年 12 月第 1 版　2019 年 12 月北京第 1 次印刷
定价：57.00 元
ISBN 978 – 7 – 5095 – 9392 – 9
（图书出现印装问题，本社负责调换）
本社质量投诉电话：010 – 88190744
打击盗版举报热线：010 – 88191661　QQ：2242791300

总 序

"中南财经政法大学'双一流'建设文库"是中南财经政法大学组织出版的系列学术丛书,是学校"双一流"建设的特色项目和重要学术成果的展现。

中南财经政法大学源起于1948年以邓小平为第一书记的中共中央中原局在挺进中原、解放全中国的革命烽烟中创建的中原大学。1953年,以中原大学财经学院、政法学院为基础,荟萃中南地区多所高等院校的财经、政法系科与学术精英,成立中南财经学院和中南政法学院。之后学校历经湖北大学、湖北财经专科学校、湖北财经学院、复建中南政法学院、中南财经大学的发展时期。2000年5月26日,同根同源的中南财经大学与中南政法学院合并组建"中南财经政法大学",成为一所财经、政法"强强联合"的人文社科类高校。2005年,学校入选国家"211工程"重点建设高校;2011年,学校入选国家"985工程优势学科创新平台"项目重点建设高校;2017年,学校入选世界一流大学和一流学科(简称"双一流")建设高校。70年来,中南财经政法大学与新中国同呼吸、共命运,奋勇投身于中华民族从自强独立走向民主富强的复兴征程,参与缔造了新中国高等财经、政法教育从创立到繁荣的学科历史。

"板凳要坐十年冷,文章不写一句空",作为一所传承红色基因的人文社科大学,中南财经政法大学将范文澜和潘梓年等前贤们坚守的马克思主义革命学风和严谨务实的学术品格内化为学术文化基因。学校继承优良学术传统,深入推进师德师风建设,改革完善人才引育机制,营造风清气正的学术氛围,为人才辈出提供良好的学术环境。入选"双一流"建设高校,是党和国家对学校70年办学历史、办学成就和办学特色的充分认可。"中南大"人不忘初心,牢记使命,以立德树人为根本,以"中国特色、世界一流"为核心,坚持内涵发展,"双一流"建设取得显著进步:学科体系不断健全,人才体系初步成型,师资队伍不断壮大,研究水平和创新能力不断提高,现代大学治理体系不断完善,国际交流合作优化升级，综合实力和核心竞争力显著提升，为在2048年建校百年时，实现主干学科跻身世界一流学科行列的发展愿景打下了坚实根基。

"当代中国正经历着我国历史上最为广泛而深刻的社会变革，也正在进行着人类历史上最为宏大而独特的实践创新"，"这是一个需要理论而且一定能够产生理论的时代，这是一个需要思想而且一定能够产生思想的时代"①。坚持和发展中国特色社会主义，统筹推进"五位一体"总体布局和协调推进"四个全面"战略布局，实现"两个一百年"奋斗目标、实现中华民族伟大复兴的中国梦，需要构建中国特色哲学社会科学体系。市场经济就是法治经济，法学和经济学是哲学社会科学的重要支撑学科，是新时代构建中国特色哲学社会科学体系的着力点、着重点。法学与经济学交叉融合成为哲学社会科学创新发展的重要动力，也为塑造中国学术自主性提供了重大机遇。学校坚持财经政法融通的办学定位和学科学术发展战略，"双一流"建设以来，以"法与经济学科群"为引领，以构建中国特色法学和经济学学科、学术、话语体系为己任，立足新时代中国特色社会主义伟大实践，发掘中国传统经济思想、法律文化智慧，提炼中国经济发展与法治实践经验，推动马克思主义法学和经济学中国化、现代化、国际化，产出了一批高质量的研究成果，"中南财经政法大学'双一流'建设文库"即为其中部分学术成果的展现。

文库首批遴选、出版二百余册专著，以区域发展、长江经济带、"一带一路"、创新治理、中国经济发展、贸易冲突、全球治理、数字经济、文化传承、生态文明等十个主题系列呈现，通过问题导向、概念共享，探寻中华文明生生不息的内在复杂性与合理性，阐释新时代中国经济、法治成就与自信，展望人类命运共同体构建过程中所呈现的新生态体系，为解决全球经济、法治问题提供创新性思路和方案，进一步促进财经政法融合发展、范式更新。本文库的著者有德高望重的学科开拓者、奠基人，有风华正茂的学术带头人和领军人物，亦有崭露头角的青年一代，老中青学者秉持家国情怀，述学立论、建言献策，彰显"中南大"经世济民的学术底蕴和薪火相传的人才体系。放眼未来、走向世界，我们以习近平新时代中国特色社会主义思想为指导，砥砺前行，凝心聚

---

① 习近平：《在哲学社会科学工作座谈会上的讲话》，2016年5月17日。

力推进"双一流"加快建设、特色建设、高质量建设，开创"中南学派"，以中国理论、中国实践引领法学和经济学研究的国际前沿，为世界经济发展、法治建设做出卓越贡献。为此，我们将积极回应社会发展出现的新问题、新趋势，不断推出新的主题系列，以增强文库的开放性和丰富性。

"中南财经政法大学'双一流'建设文库"的出版工作是一个系统工程，它的推进得到相关学院和出版单位的鼎力支持，学者们精益求精、数易其稿，付出极大辛劳。在此，我们向所有作者以及参与编纂工作的同志们致以诚挚的谢意！

因时间所囿，不妥之处还恳请广大读者和同行包涵、指正！

中南财经政法大学校长

前　言

2010年9月我国国家领导人在第五届亚太经合组织人力资源开发部长级会议上提出"包容性增长"。这是中国促进实现全体人民共享改革开放成果的重要举动，与科学发展观、"一带一路"以及"中国梦"等治国方针，具有高度一致性。"一带一路"倡议，就是旨在通过建设区域经济合作架构，推动世界向"包容性全球化"转变。

包容性增长框架的提出，意味着我国公共财政改革的步伐将进一步加快。公共财政的主线是政府预算，居于"牵一发而动全身"的地位。抓住预算这条主线，深入财政预算的编制、审批、执行、决算各关口，实施全覆盖审计监督，就是促进公共财政改革、实现包容性增长、充分发挥审计监督是国家经济运行"免疫系统"的最佳路径和治理手段。

财政预算审计是审计监督的永恒主题。但是，尽管财政预算审计始终排在审计工作格局的第一位，2015年所审计的预算支出也仅占42个中央部门预算支出总额的36%。除头几年在社会上引起广泛关注和震撼以外，审计风暴的边际效应近年也急剧递减。

为何审计监督的效率、效果不高？主要原因在于没有真正实现财政预算审计监督的一体化。具体表现在两个方面：一是审计监督的制度有缺陷，独立性不足，而且力量单薄、没有在系统内部形成合力；二是审计监督系统未能与外部的财政预算管理系统和谐互动。

从制度重塑着手、完善财政预算审计监督制度；从技术支持着力、发展绩效审计、完善政府内部控制，推动财政预算管理与审计监督的和谐共进，最终在财政预算审计监督系统的内部、内外部之间均实现一体化协作，就是本书的研究目标。

具体研究从五个方面展开。

第一章是理论基础。首先，对包容性增长的缘起与政策内涵进行解读，分析该发展战略下我国未来公共财政改革的方向性要求。其次，基于马克思主义理论以及系统科学理论，深刻认识审计的本质。结合外部社会政治、经济、观念结构对审计系统的影响，提出财政预算审计监督的立体本质和系统属性。最后，阐述包容性增长框架下，财政预算审计监督系统进行一体化改革的必要性和紧迫性。

第二章是经验借鉴。美国是世界上经济最发达、政治影响最大的国家之一。了解美国财政预算审计监督历史、动态的发展轨迹，对于更好地引导和推动我国财政预算审计监督系统内部，以及内外部之间的一体化改革，加快合规审计向绩效审计高级阶段的演进，具有重要借鉴意义。

第三章是现状考量。首先，运用内容分析法，研究2007~2016年公布的审计工作报告，通过对报告中发现的问题进行梳理，识别政府预算管理当中存在的突出问题，分析我国财政预算审计监督所处的发展阶段与困难。其次，运用数据包络分析方法，考察审计署派出机构的工作绩效，以期促进审计监督主体自身的绩效管理，实现财政预算与审计监督两大系统之间的协同进步。最后，结合作者担任财政部中注协访问研究员期间、就会计师事务所参与绩效评价业务的问卷调查，探讨我国社会审计机构参与财政预算审计监督的实践现状。

第四章是制度建设。重点从社会环境、管理模式、协调整合角度，探讨财政预算审计监督的一体化改革。包括如何优化外部社会环境，创新审计监督模式、构建大数据条件下"三位一体"财政预算审计监督网络，并且结合预算管理的业务流程，探讨审计监督与预算管理实现协调整合的具体路径。

第五章是技术路径。重点从技术角度，构建绩效审计指南、研究将社会审计力量融入财政预算审计监督的管理办法、设计政府内部控制评价指引框架，为一体化改革提供具体、可操作的技术解决方案。

本书系2011年国家社科课题《包容性增长框架下财政预算审计监督一体化改革研究》的成果。研究期间，受聘为财政部中国注册会计师协会访问研究员，参与起草《会计师事务所财政支出绩效评价业务指引》（2016年4月发布），旨在指导会计师事务所社会中介机构参与财政资金的审计监督，与国家审计一起，共同形成我国财政预算审计监督的合力。参与文献整理、实地调研（赴北京、上海等地会计师事务所访谈）、问卷调查、指引起草等工作，最终提交研究报告《国外财政预算绩效管理及其审计监督研究》（1.7万字）以及《INTOSAI绩效审计指南》翻译稿（3万字），为事务所从事财政预算绩效评价的工作规程及后续分类技术指引的制定提供了重要参考。

此外，中期研究报告《绩效审计指南》（2.4万字）提交给湖北省审计学会，服务于湖北省绩效审计实践的指导规范。作为拓展性研究，2015年、2018年分别承担湖北省审计厅重点科研课题《统一管理体制下审计与地方党委政府协调机制研究》《我国金融风险的审计治理全覆盖作用机制研究》。系列论文陆续发表于《财政研究》《审计研究》《中南财经政法大学学报》《审计月刊》等杂志，其中四篇论文被人大复印资料全文转载，两篇论文获评湖北省会计学会优秀会计论文奖。

我国财政预算审计监督正处于重要的改革发展时期，有一些问题仍需要做反复深入的探讨；加上时间和作者水平有限，本书难免存在缺点和错误。欢迎读者对本书的不足之处批评指正，以便日后修改，不胜感激！

李　璐

2019年12月

目 录

第一章 包容性增长框架下财政预算审计监督的理论基础   1
    第一节 包容性增长的政策解读与实践   1
    第二节 财政预算审计监督的理论认识   9
    第三节 包容性增长框架下财政预算审计监督的改革要求   25

第二章 美国财政预算审计监督的经验借鉴   33
    第一节 美国财政预算审计监督的历史发展   33
    第二节 美国财政预算审计监督系统的内部一体化协作   55
    第三节 美国财政预算审计监督系统内外部一体化协作   60

第三章 我国财政预算审计监督的现状考量   69
    第一节 我国财政预算审计监督的实践进展   69
    第二节 我国财政预算审计监督主体的绩效评价   80
    第三节 我国事务所参与财政预算审计监督调研   99

第四章 包容性增长框架下财政预算审计监督一体化改革制度建设   109
    第一节 包容性增长框架下国家治理环境的优化   109
    第二节 包容性增长框架下审计监督模式的重构   116
    第三节 包容性增长框架下审计监督与预算管理的协调整合   126

第五章 包容性增长框架下财政预算审计监督一体化改革技术路径   139
    第一节 财政预算绩效审计监督技术指南的构想   139

第二节　社会审计参与财政预算审计监督的管理　　149

第三节　政府部门内部控制评价指引的框架设计　　156

主要参考文献　　174

第一章　包容性增长框架下财政预算审计监督的理论基础

解读包容性增长的缘起与政策内涵，分析该发展战略下我国未来公共财政改革的方向性要求。基于马克思主义理论以及系统科学理论，深刻认识审计的本质。并结合外部社会政治、经济、观念结构对审计系统的影响，提出了财政预算审计监督的立体本质和系统属性。最后阐述了包容性增长框架下，财政预算审计监督系统进行一体化改革的必要性和紧迫性。

在财政预算审计监督系统内部：需要大力推进向绩效审计高级阶段的跃迁；改革行政型审计监督模式、吸收注册会计师审计力量，形成审计监督的合力。在财政预算审计监督系统的内外部协调方面：需要借助绩效审计、配合深化政府部门改革；以政府内部控制的完善为抓手，实现审计监督与预算管理的良性互动。

第一节　包容性增长的政策解读与实践

解读包容性增长理念的缘起与内涵。从我国具体实践出发，论证其与胡锦涛同志、习近平主席提出的科学发展观、"一带一路"以及"中国梦"等治国理政方针的一致性与延续性。根据包容性增长框架的发展要求，分析我国未来公共财政改革的方向性要求，包括公共开支需求激增、更加强调政府受托责任、绩效管理、预算透明等。

一、包容性增长缘起与内涵

（一）包容性增长的缘起

2006年6月，亚洲开发银行成立了一个专家小组，旨在研究亚洲未来经济趋势以及银行在经济发展中的作用。该专家组在 2007 年 3 月提交了《新亚洲、新亚洲开发银行》的研究报告，认为应该由过去以减贫为战略重点转向以包容性增长为战略重点，这也是"包容性增长"概念的首次提出。在 2007~2008 年间，亚洲开发银行对包容性增长进行了广泛深入的研究并将其作为长期战略计划的核心。

国外很多学者例如 Ali 和 Son（2007），Ali 和 Yao（2004），Ali（2007）都探讨过包容性增长与公平性的关系。他们认为，想要完全减除贫困不能仅仅依靠经济增长，还需要公平地共享经济增长结果。进一步研究也发现，如果收入显现出持续不平等的特征，则会危害经济的持续增长以及社会和政治稳定。

国内学者如蔡荣鑫（2009）认为，包容性增长与权力贫困理论、社会排斥理论具有相关性。站在伦理学的角度，林昆勇（2013）提出了一种新解，认为包容性增长有助于协调所有社会成员之间的公平性和差异性，并且确保全员公平共享增长结果。除此之外，国内也有学者对包容性增长产生的背景进行了深入研究。杜志雄和肖卫东（2010）认为，在全球长期贫困问题凸显、世界各国人均收入差距日益扩大、居民贫富差距分化愈加明显的背景下，包容性增长概念应运而生。

（二）包容性增长的内涵

1. 从公平维度理解包容性增长

Ali 和 Son（2007）提出，包容性增长就是"机会平等的增长"。Klasen（2010）认为，包容性增长的对象不能仅局限于贫困人群，应该扩展至全体社会成员，即所有人拥有参与增长过程的机会是平等的。周晓焱和张建华（2011）研究认为，包容性增长是一种新型增长方式，这种新型方式以所有社会成员平等共享发展机会为前提，来实现就业机会与收入的增加。李中建（2012）认为，包容性增长的内涵是全民能够在教育、就业等公共服务方面享受公平的机会，参与经济发展的过程。杜志雄等（2010）从公平的角度解读包容性增长，是指能够依靠持续高效的经济增长带来的发展机会，每个人平等地参与经济增长、共享成果。朱琳（2013）研究认为，包容性增长以公平性为核心，强调机会的均等和分享的公平性，兼顾了过程和结果的平等。

2. 从结果分享维度理解包容性增长

世界银行在 2008 年提出，包容性增长的核心元素是生产性就业，一个国家为减除贫困，就需要增加贫困人口的就业机会，使其依靠自身劳动力获得报酬，实现经济的可持续发展。一般而言，国际组织更关心消除贫困、疾病等问题，因此，更加强调经济增长的结果能否做到人人公平共享、人人受益。

国内学者如张梦涛（2011）从结果分享角度理解包容性增长，研究认为实现包容性增长的关键，就是经济增长的成果应该让所有社会成员能够平等分享。邓子基和习甜（2012）对包容性增长相关文献进行归纳梳理后提出，包容性增长的核心在于增长结果的分配能否体现出公平性。楼继伟（2013）也提出，包容性增长就是让经济增长成果在所有成员中得到平等地分享，进而实现可持续发展[①]。王谦（2013）认为，包容性是包容性增长的主要特征，包容性就是让所有人都能公平获取经济增长带来的发展机遇，并能平等分享经济增长的成果。

3. 从协调维度理解包容性增长

Rauniyar 和 Kanbur（2009）认为，包容性增长能够协调经济、社会和制度这三个维度，使他们得到均衡发展。亚洲开发银行 2007 年指出，包容性发展的实现基础，是经济可持续增长、社会稳定、政策制定合理这三者的协调配合。李刚（2011）深入挖掘包容性增长的内涵后指出，包容性增长概念框架除了实现减除贫困这一目标外，还旨在通过转变经济增长路径实现经济的持续性增长。

（三）包容性增长的适用范围

1. 经济发展

Ali 和 Son（2007）研究认为，亚太地区要想实现可持续发展，仅通过依靠经济增长是不现实的，必须同时关注机会公平与成果共享。Femando（2008）提出将城市中的贫困人口和低收入的农村人口获得的经济增长机会纳入衡量范围，使其能够公平地享受经济收益。

张梦涛（2011）、张茉楠（2010）从中国经济增长方式出发，提出包容性增长可以通过加速转变经济发展模式、增加就业、人才培育等若干路径来实现经济的可持续增长。卢宁（2013）认为经济增长有其阶段性的特征，例如只有在经济增长稳定的前提下，才有包容性增长的可能性，这在研究包容性增长时是不容忽视的。张超群和吴晓波（2013）论述了包容性增长模式的优势，认为传统发展模式虽然极大促进了中国经济的迅速发展，但不能忽视仍然存在的问题，例如经济发展的严重不均衡等。

---

① 来自财政部前部长楼继伟的讲话内容 http：//www. gov. cn/gzdt/2013 - 04/15/content_2377803. htm。

2. 社会管理

Femando（2008）认为，包容性增长理念在社会层面体现为树立平等观念、消除不公平的思想，破除对贫穷、弱势群体的偏见。Ali（2007）认为，实现包容性增长需要在社会管理中完善各项社会服务与基础设施。周晓焱和张建华（2011）提出，包容性增长理念有助于革新我国社会福利制度，使得全体社会成员能够平等享受社会福利。赵瑾璐等（2013）提出，要想实现包容性增长，需要在社会管理中帮助广大群众摆脱贫困、保护广大人民群众的基本权利，促进社会的公平正义。刘潇（2013）认为公平正义最具包容性的特点，因为公平正义能够促进全体社会成员平等享有机会与权利，扫清社会成员不平等参与经济发展、不共享发展成果的障碍。

3. 制度建设

Ali 和 Son（2007）认为，政府应当加强制度和法律建设，以发展并维持一个有利的市场环境。李丽琴（2012）发现，包容性增长框架下为了实现公共服务的均等化，政府的绩效考评需要由过去的单一考核指标转变为科学的综合性考核指标。康伟和段文武（2011）认为，传统的考量体系不利于实现包容性增长，需要在传统的考量指标中加入体现包容特征的多个衡量指标，调整为更为科学的考量体系。姚荣（2013）提出，目前各种社会歧视现象可以通过建设包容性政策体系得以改善。

经过文献梳理发现，虽然包容性增长理论适用于多个领域，但是只有在保证经济增长的前提下兼顾社会管理与制度建设，考虑社会经济结构、社会观念结构以及社会政治结构之间的交互作用和影响，才能称之为包容性增长。

二、包容性增长政策的实践

（一）包容性增长与科学发展观

科学发展观思想，强调以人为本、全面、协调、可持续发展。这与包容性增长强调的所有人共享机会与权利、协调发展相一致。首先，二者都强调经济的可持续增长；其次，二者都强调以人为本，倡导社会的公平正义，引导全体社会成员共享发展成果，最终实现共同富裕；最后，长期来看，两者都是旨在促进我国实现全面、协调、可持续发展的指导思想。

在 2009～2011 年间，我国国家领导人多次提出并倡导包容性增长。2009 年在 APEC 会议的讲话中首次提出包容性增长；2010 年在第五届 APEC 人力资源开发部长级会议开幕式上指出，实现包容性增长是 APEC 各成员的重大课题；2011 年在博鳌亚洲论坛更是将"包容性发展"确定为年会主题。可见，包容性增长被视为国家和社会发展的方向，引起了各国的广泛关注。

周燕（2011）认为，科学发展观中的可持续发展观是其基本要求，要实现社会、经济、生态的可持续，就是要实现包容性增长。这是因为：第一，从社会角度来看，包容性增长为可持续发展奠定了基础，前者强调全体社会成员平等参与经济增长、公平分享经济增长成果，这种惠及全员的增长方式有利于维护社会稳定，从而有助于实现后者。第二，从经济角度来看，包容性增长能够推动经济可持续发展的实现，因为包容性增长要求所有人都能公平享受到经济增长的结果，因而也能提高全体社会成员的收入水平、带动成员消费，从而使得经济实现持续增长。第三，从环境和生态角度来看，包容性增长不仅强调平等、共享，还强调协调增长，符合协调发展观的要求。这与我国长期倡导的生态文明建设相一致，助推可持续发展的实现。

（二）包容性增长与"一带一路"

党的十八大以来，习近平总书记在一系列外交活动中倡导"一带一路"建设思想，旨在通过建设区域经济合作架构，实现区域经济的包容、开放、平衡和普惠，弥补部分全球化的缺陷，推动世界向"包容性全球化"转变。习近平总书记指出，"一带一路"的建设能够刺激沿线国家的实际需求，能够增加有效供给以平衡全球经济。"一带一路"的建设有利于沿线国家提高基础设施水平，实现工业化和现代化，从而有利于促进世界经济的"包容性全球化"。

我国提出的"一带一路"理念倡导关注人类贫困、经济发展不均衡问题，而包容性增长强调经济增长过程和结果的公平性，强调通过平等合作、互惠共赢构筑利益共同体。可见，"一带一路"与包容性增长理念也具有内在一致性。首先，平等合作、互惠共赢的利益共同体能够缓解经济发展不均衡的问题，也就是说包容性增长有助于推进"一带一路"的建设愿景；其次，"一带一路"的建设也为包容性增长做出了贡献，目前世界公共产品供应量日益增加，"一带一路"能够为沿线国家带来有效供给，弥补供应不足的缺陷，使得沿线国家社会成员有条件平等享受这些公共产品。目前参与建设"一带一路"的国家与国际组织已达到 100 多个，65 多个国家和我国签订了合作协议，多个国际产能合作、金融合作的项目也正在逐步落地。提出并倡导"一带一路"建设以来，引领着

21 世纪以双赢合作为核心的新型国际关系,填补了目前经济"全球化"不平衡的缺陷,正在努力向"包容性全球化"的方向发展。

(三)包容性增长与"中国梦"

习近平总书记在 2012 年参观"复兴之路"展览中首次提出了"中国梦"的伟大远景。强调"中国梦"的实现要紧紧依靠人民,以人为本,从个人层面上来讲要实现"人民幸福"的目标,实现基础是人民要享有平等的机会、共享经济发展的成果。

党的十八大形成的决定要求,采取"五位一体"的实施手段,在经济、政治、文化、社会、生态等领域全面深化改革、促进它们之间的协调发展。包容性增长的基本要求也是在实现协调发展的同时公平共享发展的成果,可见,"中国梦"与包容性增长的要求相一致。习近平总书记不仅将包容性发展作为重要的治国思想,更用实际行动努力实现包容性发展。例如,"十三五"规划的基本要求就是建设公平正义的社会环境,使所有社会成员公平参与经济发展并分享发展结果,在遵循社会规律的前提下实现包容性增长。

三、包容性增长对公共财政的影响

国际货币基金组织 2014 年发布的报告提出,各国财政改革要实现可持续发展,应该重点关注财政开支的效率性问题和公平性问题,可见财政改革方向与包容性增长理念也具有内在一致性。邓子基和习甜(2012)研究认为,公共财政应该通过介入财政政策制定、基本公共服务平等性推行、产业结构政策调整、深化财政体制改革以实现包容性增长。那么,包容性增长框架下公共财政会有怎样的变化呢?

(一)公共财政支出需求激增

黄国平(2013)认为,财政支出作为地方政府再分配社会资源、宏观调控经济的重要手段,影响经济发展和社会公平。通过调整财政支出,例如偏重于完善基础设施与公共服务等领域,政府可以引导和干预经济的发展与成果的普惠程度。因此,财政支出这一政府行为能够影响资源配置与市场运行,关乎每位社会公民的基本利益。在包容性增长框架下,要想做到全体社会成员均等拥有机会、均等分享成果,必然会增加公共财政支出,此时如果财政收入的增长速度跟不上财政支出的增长速度,就会导致公共财政支出缺口的激增。

合理安排财政支出可以帮助实现包容性增长，如图 1-1 所示。一方面，财政支出影响着经济的资源配置从而影响着经济的持续增长，而持续的经济增长是包容性增长的根本前提；另一方面，财政支出影响着社会民生的投入程度，进而会影响权利的分享，而权利的分享是包容性增长的保障。因此，政府应该合理规划财政支出，为社会公众提供比较完备的服务和各项基础设施。确保所有公民共享经济成果是政府的职责所在。

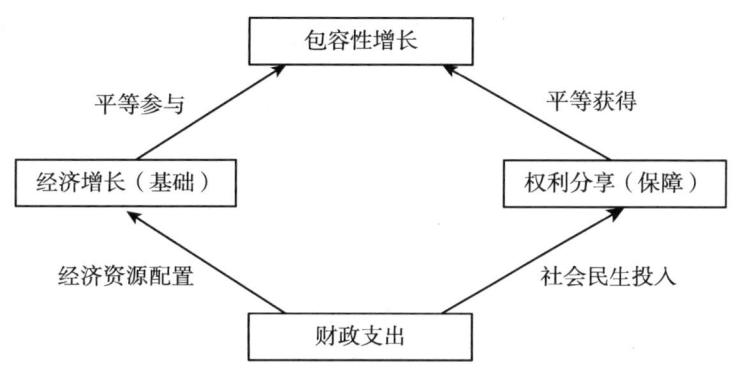

图 1-1 包容性增长框架下财政支出的作用路径

李翠兰和邵培德（2016）通过研究我国各省份 2013 年的财政支出发现，包容性增长水平对公共财政支出的贡献程度存在影响。首先包容性增长水平与经济发展水平成正比例关系，而经济发展水平与公共财政支出对该地区的贡献程度也成正比例关系。这也意味着经济水平越低，财政性支出所占份额就越小，印证了瓦格纳法则这一经典的财政理论——财政支出占国民收入的比重与居民收入的增长存在正相关关系。居民收入的增加往往导致财政支出更大比例的增长，进而对该地区的发展产生更为深刻的影响。因此，在包容性增长框架下，财政支出确实会增加，也正因为如此，更加需要保障财政开支的效率，而非盲目调整财政支出的规模。

（二）更加注重政府全面履行公共受托责任

在包容性增长的框架下，政府需要做到以人为本，履行好公共事务的管理责任、保管好公共财产，更加需要强调财政预算支出的责任和效益，追究有关部门和人员未尽的受托责任、健全问责机制。

从财政预算管理方面来看，政府将更加重视预算的编制、执行和监督。例如在 2016 年中央财政预算中，财政部同时发布了项目绩效目标和指标，首次将资金与绩效目标、评价指标同时下达。这相当于签署了责任书，加强了中央部门的责任意识,政府的财政支出必须要有可量化的效果,如果没有达到预期效果将严格追究相关部门及人员的责任。

财政预算绩效管理的重要环节之一是进行绩效监督,这也是明确责任、实现目标的重要手段。因此政府部门应该循序渐进地推动绩效监督工作并形成机制,落实绩效的主体责任。例如,2017 年,财政部按照中央核查的整改要求,第一次推进"自我评估全覆盖"以反映中央部门所有项目的执行情况,覆盖率要求达到 100%,对各部门完成 2016 年预算执行后开展本部门所有项目的绩效自我评估进行了统一要求。同时,各部门需根据各项目绩效评估的结果进行审核与总结,并向财政部提交自我评估情况表,努力做到公共财政支出项目有明确的目标,目标的执行有可量化的评价结果,针对各评价结果采取了完善措施。

(三)更加强调公共财政开支的绩效管理

改革开放以来,中国经济的高速增长兼顾了集体经济效率的实现,而社会成员公平分享社会经济成果的关注度不够,产生了不少问题,例如贫富差距增大、居民幸福指数下降、环境受到污染等。包容性增长的核心要义是拥有均等的发展机会以及公平享受成果。处理好地区间各阶层的利益关系,解决各种矛盾冲突问题,才能为实现包容性增长提供良好的社会基础和经济基础。权力"寻租"性腐败会影响市场的竞争环境的公平性、激化矛盾、妨碍和谐社会的建设,因此必须监督政府权力的运行。财政预算作为政府管理的重要一环,财政支出作为一种政府行为,财政资金的筹集、分配、使用都应予以有效监督。因此如何考量政府开支的公平性与效率性显得尤为重要,而对公共财政开支的绩效考评就是一种考量途径。

张昕(2010)指出,政府预算特别是项目支出预算,尚未建立有效的绩效考核机制,每个项目到最后都无法评估其实施效果,缺乏合理的评估标准。2016 年初,财政部明确要求中央各部门的所有项目必须编报绩效目标,同时为落实该政策对 2000 多个项目进行了面对面的审核,初步建立起了一套较完备的能够"多角度"看问题的中央部门的绩效指标体系。

预算绩效管理已成为政府预算管理不可或缺的重要部分,对于加快政府财政预算改革具有重要意义。通过对公共财政预算进行绩效管理,公众不仅可以了解政府部门的所有工作流程,而且可以量化政府部门的各种工作效果。在包容性增长的框架下,未来政府改革将更加强调公共财政开支的绩效管理。

(四) 更加突出财政预算管理的公开透明

政府要履行好公共受托责任，不仅需要妥善管理公共财产，也需要接受社会各界的监督，而监督的基础就是公共财政信息的公开化与透明化。公共财政预算也需要做到公开与透明，接受广大人民群众的监督，促进社会的公平正义。

有学者指出我国财政透明度与国际规范相距甚远，部分单位存在频繁增加经费等问题。因此，在包容性增长的框架下实现公平与平等，建设服务型、法治型政府势在必行，而这离不开政府信息的公开，给公众提供完整、清晰、透明的财政信息。

十八届三中全会全面部署了我国未来的财税体制改革，强调完善预算管理制度，特别是提高财政预算的透明度。上海财经大学公共政策研究中心发布的《2016年度中国财政透明度报告》显示：在政府和社会各界的共同推动和努力下，我国财政信息披露取得了重大进展，财政信息披露透明度指数与2009年相比几乎翻了一番；政府的财政信息公开获得了一定的认可，党的十六大提出的"维护公民知情权"正在逐步实现；目前财政信息中公开透明化程度最高的是公共预算和决算信息，透明度最低的是财政专户和资产负债表决算信息。这表明，公共财政信息要实现透明化仍需做出不懈努力。

第二节 财政预算审计监督的理论认识

著名科学家钱学森院士认为，"马克思主义哲学是智慧的源泉"；"基础科学的研究应该接受马克思主义哲学的指导，从整体上考虑并解决问题"。因此，马克思主义哲学与系统科学在社会科学以及自然科学领域中具有极其重要的基础地位。

财政预算审计监督的研究，不可能也不应当脱离先哲们创立的理论基础与思维方法。本部分将尝试按照马克思主义理论蕴涵的观点和思想，结合现代西方经济学理论，采用还原法，研究审计的基点和本质。接下来，在分解研究的基础上综合集成到系统整体，运用现代系统科学，以系统科学"新三论"之一的耗散结构论为重点，以"新三论"反映的权变演进思想为主线，以复杂适应系统理论为思维模式，确立研究审计的准全息视野和网状逻辑模式。最后，在前两部分论述的基础上，尽可能全面、整体地把握和理解财政预算审计监督的构成要素与系统特性，给出准全息图像，为后续的深入探讨提供概念基础。

一、审计本质的立体思考

（一）探索审计本质的理论基础

探讨审计的本质，必须以哲学、社会、政治、经济等学科理论作为基础和指导。马克思主义理论，是经过实践证明的真理，但真理也有相对性，将百年前的理论用于今天，若不按其精髓予以发展，是违背马克思主义的；发展马克思主义，又是一个庞大的论题，笔者不可能有那个能力和水平。因此，仅就自己的学习，谈一点认识和想法——马克思所有制理论和财产权概念与现代产权理论的融合、互补。

1. 马克思主义理论的基础原理

马克思主义理论的基础原理，包括辩证法、唯物论、认识论和唯物史观等，鉴于在我国基本上是公知的学科理论，就不赘述了。

2. 现代产权理论与马克思主义理论

（1）马克思主义理论的现代应用与现代产权理论。

在马克思所处的时代，社会分工较为简单。经济交往中，仍然以物权为主，债权、版权等财产权的发展才刚刚起步，影响较小。马克思是德国人，深受德国民法（大陆法系）的影响。德国民法仅将财产权赋予有形的物品。因此，马克思自然地认为生产资料的所有权对生产关系具有重要影响。同时马克思还重视所有权的经济学解释，从生产资料所有权的角度对生产资料所有者和使用者的生产关系进行了探讨。但在对此进行阐述时，马克思沿用了"eigentum"或"eigentum recant"这两种表述，我国学者将其翻译为"所有制"。这里的"所有制"的经济内涵类似于新制度经济学家对产权的研究。差别在于，马克思所提到的"所有制"是对生产资料的所有权进行讨论，而新制度经济学家的研究对象则延伸为市场经济的一般对象。配杰威齐在《马克思、产权学派和社会演化过程》一文中将马克思视为首位研究产权理论的社会科学家。但其实，马克思所说的"所有制"并不能等同于现代的产权，也没有提出一个完整的现代产权理论。

科斯在马克思的基础上提出现代产权理论时，对产权的特征进行了界定并强调了其对于提高市场经济运行效率的意义。但是，现代产权理论没有说明产权应分配给谁才能最大限度发挥其经济价值这一问题。虽然根据科斯定理可知，在有正交易成本的情况下，产权的界定差异会带来不同的社会福利后果，但科斯在研究中把产权已经分配作为研究的基础。马克思所提出的"所有制"则对所有权的分配问题进行了研究。可见，马克思提出的"所有制"的概念与科斯的现代产权理论是互补的关系。

（2）产权的定义与产权关系。

对权利的界定，存在地域差别、中西方法律体系的差别。另外，法学与社会学、经济学的研究基点不同（尽管它们有密切联系），它们对概念的表达，是有差异的，对权利有不同的解释。

我国《民法通则》第七十一条指出，财产所有权包括财产所有人对自己的财产享有占有、使用、收益和处分的权利。其他与所有权相关的财产权利，包括"财产经营权""财产共有的处置优先权"等。另外，在我国民法中"财产所有权和与财产所有权有关的财产权"是与"债权""知识产权""人身权"并列的权利，因此，债权和知识产权不属于财产权。《物权法》中"物权"概念的物是指不动产和动产。此外法律规定权利作为物权客体的，依法律规定，"物权"则是指"物权人对权利客体享有直接支配和排他的权利，包括所有权、用益物权和担保物权"。我国法律中，财产权是相对于人身权利而言的，债权是相对物权而言的①，而没有对"产权"进行单独的界定。在英美法系中，产权是与人权相对的，是以财产所有权为基础的权利。无论产权还是人权，他们界定的内涵与外延都与我国法律存在明显的差异。

因此，对于"产权"，应当作一个限定："产权是所有制的核心和主要内容，包括物权、债权、股权和知识产权等各类财产权"②，这基本与科斯产权理论中"产权"的含义一致——产权是由一组财产权利共同组成的。

与法学相比，社会学、经济学中的权利或权益，更强调"关系"。社会学和经济学中，任何一项权利或权益，首先是经济关系，其次是与经济关系密切不可分割的社会关系。因此，"产权"的内涵与外延所表达的，绝不是某单个主体的权利或权益，而必然是两个或多个主体（之间）的经济关系和社会关系——

---

① 根据法理学基础，财产权是与人身权相对的，人身权是指与公民的人身不能分离而又不直接与经济利益相联系的民事权利，分为人格权和身份权两类。物权是与债权相对的，物权是因物而产生的权利，债权是因行为而产生的权利。

② 该定义是由《中共中央关于完善社会主义市场经济体制若干问题的决定》给出。

产权关系。这样理解，才既符合马克思主义理论又与现代产权理论相吻合。

综上所述，马克思主义理论和现代产权理论协调作用，是研究审计本质的理论基础。

(二) 审计存在的社会经济基础

1. 审计的社会基础

有社会才可能有审计。审计是一种社会现象，是应人的自然需要和社会需要而历史地产生的。它是人类社会产生并发展到一定阶段的产物，与人类社会的发展同步并进。

审计是处理社会共同体中人与人之间以及社会共同体之间的关系的规则之一。审计的产生和审计需要的出现，至少要有两个人存在并彼此发生一定的关系——商品交换（契约）关系或财产的所有权关系。一方主张审计监督，因为另一个人可能侵害其权益。完全脱离社会人群孤立生活的人是不需要审计的，没有任何与他对立的人会否定、侵犯他的权益（财产所有权），或帮助他实现其权益（建立和维护财产委托与受托管理关系）。所以，审计出现的先决条件必然是人类社会的存在。当然，这是审计存在的必要条件，而非充分条件。

人类之所以要组成社会，首先，基于生存的自然需要，必须结成群体，共同对抗自然界各种威胁，向自然界索取生存的资源，同时挑战与他人或其他群体之间的纠纷。个体不能离开群体生活①，从原始人类的部落到氏族社会，到形成国家，到高度分工的现代社会乃至正在形成中的地区性和全球性组织，都是如此。其次，应当注意，社会性是人类的自然天性，不是简单的动物本能，而是有意识的组合。社会性不只是人类固有的天性，并且随人类社会实践的发展而发展。人以其自然本性构造了社会，社会反过来改造了人。因此，社会性是人的本质属性，也是决定审计产生的主要基础。

2. 审计的经济基础

审计的产生和审计需要的出现，不是随人类社会的产生而产生，而是发展到一定阶段，特定经济关系——受托责任关系出现之后才产生，是由财产的委托与受托管理（保管）关系决定的。

在氏族社会，人们关注的是如何提高生产力、如何保护生产力，在物质极端匮乏的时候，没有剩余的物质产品，人与人之间没有财产的所有权关系。这

---

① 荒岛上的生存，一是非常艰难的特例，二是这样的生存者带着他在人类社会所提升的各种能力，三是例如，狼人，已经不是人了，只能像动物一样生存。

时，是不可能有什么审计的。随着社会生产力的进步与发展，有了剩余的物质产品，产生了财产的所有权关系，之后，随着历史的发展，以财产所有权为基础的财产委托与受托管理关系出现，这时，才产生了审计（萌芽）①。

因此，在人类社会产生并发展、特定经济关系——财产所有权关系产生之前，是不可能有审计的；在人类社会的特定经济关系——财产委托与受托管理关系产生之前，是不需要有审计的；审计的产生与发展本质上是产权关系的产生与发展。经济基础——人类社会的特定经济关系——产权关系的产生与发展决定了审计的产生与发展。审计的产生和发展，最终是由社会的经济基础发展决定的。

3. 产权关系的产生和发展与审计的产生和发展紧密相联

可以这样描述审计的产生和发展：人类社会最初的产权关系，由于生产力不发达，就是单纯的财产所有权关系，随着生产力的发展进步，产权关系的内容逐渐增加和丰富；当人们的剩余财产多到无法自主保管时，首先出现的是委托保管，委托与受托保管关系标志着审计的萌芽；随着社会的进步发展，当委托保管无法满足需要时，产权关系的内容进一步增加：委托与受托管理、经营关系出现并丰富到产权关系之中，简单的审计（萌芽）无法满足需要，这时，审计的产生成为必然。随着生产力的继续发展进步，合伙制甚至公司出现时，产权关系较产生之初，已经有了完全不同的内涵，这时，审计的发展成为必须。

人的社会性是审计产生的基础条件，但不是充分条件，也不是直接原因，社会的经济基础最终决定着审计的产生和发展。而产权关系的产生与发展，才是审计产生与发展的最直接最根本原因。因此，产权关系，无疑是审计本质的最根本因素。

（三）审计客观性与主观性的辩证统一

1. 审计的客观性②

审计根源于物质的生活关系，这是审计的社会物质根源。可以认为，审计是根源于社会物质生产关系，并从它派生出来的一种新的社会经济关系、一种反映经济关系的意志关系。

---

① 正如审计史学家理查德·布朗（Richard Brown）在论述审计起源时曾经指出的："审计的起源可追溯到与会计起源相距不远的时代……当文明的发展产生了需要某人受托管理他人财产的时候，显然就要求对前者的诚实性进行某种检查"。
② 有关审计本质的立体思考、系统特性认识等内容，系作者理论研究的成果，在2007年中南财经政法大学博士学位论文《政府绩效审计研究》中首次提出，特此予以说明。

结合马克思论述产权理论、在《资本论》中谈到交换过程时的描述，可以看到这样的脉络。在商品（物）的交换中，当事人"必须是有自己的意志体现在这些物中的人"，才能发生交换，因此商品交换是交换者的"意志行为"；"他们起初在交换行为中作为这样的人相对立：互相承认对方是所有者，是把自己的意志渗透到自己的商品中去的人，并且只是按照他们的共同意志……通过互相转让而互相占有"。而在"需要某人受托管理他人财产的时候"，委托人与受托人，显然也是"互相承认对方是所有者，是把自己的意志渗透到自己商品中去的人，并且只是按照他们的共同意志……"通过相互间的委托与受托行为，自然形成一种包含（"显然就要求对"受托人"诚实性进行某种检查"）内容的新的产权关系。在此过程中，可以看到，首先存在的是自然的实际行为关系，虽然有人（交换者双方、委托人和受托人）的"共同意志"渗透其中，却依然是客观存在的实际关系。因为，任何人的行为都是有意识的，它既然被称为"行为"，就是客观存在的，不只是以意识的形式在人的脑海中存在。

因此，"意识"与"意识的产物"虽有紧密的因果关系，却是两种不同的东西。审计观、审计理念属于社会意识范畴，是审计的内容，而经过社会意识调整（意识对物质的反作用）后的产物——审计法律、审计准则、审计组织等审计实体，则是代表审计社会意识的社会存在。

由产权关系决定和直接产生的受托责任关系也是如此[①]。它虽然是体现经济关系的意志关系与意志行为，却同样是"共同意志行为"的产物，是产权关系（一种社会经济关系）派生出来的社会存在，同时又增加和丰富了产权关系的内容。

2. 审计的主观性

审计的主观性是指审计意识的主观性。审计意识并非来自于所谓的经济基础或物质生活条件，而是审计现象。审计现象与审计意识是"存在与意识"在现实社会中的表现，它们之间是"第一性"与"第二性"、被反映与反映的关系。审计现象决定审计意识，审计意识又反作用于审计现象。审计现象的物质性是指它不随审计意识而转移，具有客观实在性。审计意识的内容来源于审计现象，是审计现象在人们头脑中的映像。审计现象的丰富性和广泛性使得审计意识更加丰富、复杂。审计现象越向高级阶段发展，审计意识也随之提升和

---

① 受托责任关系，包括"授权监督"以及相关权利义务。

变化。

值得注意的是，审计现象与自然现象不同，区别在于审计活动的自觉性与能动性。但"自觉性""能动性"并不否定其"客观性"，它依然是独立于审计意识之外的一种客观存在，是审计意识认识和反应的客观对象。

所谓认识，是由物到感觉、思想。认识，是主体对客体的客观评价，是一个能动的创造性过程，是在实践的基础上进行的。认识的过程中往往会出现主客观不一致的矛盾，认识和实践的矛盾，而解决办法就是寻求矛盾间的辩证统一。认识过程的复杂程度超乎想象。辩证唯物主义认识论指明了正确方向。但是，如果认为很容易、很轻松，那必然会在认识"审计"的过程中犯错误。审计产生时，是客观需要反映到人脑中的一种"主观需要"，即审计意识和想法。这样的"意识和想法"，虽然由社会经济结构（经济基础）所决定，但是，绝不能忽视社会的政治结构、观念结构对它的影响，不能忽视人的自觉能动性在"认识"过程中的重要作用。这也是审计意识与审计意识形态存在差异的本质原因①。

3. 审计客观性与主观性的辩证统一

用受托责任关系表述审计的本质，是为了突出其客观性特征；其实，对审计意识这样一个意识形态而言，受托责任关系应当是产权关系（社会经济关系）与审计意识（意识形态）之间的"中介"。

第一，受托责任关系是由产权关系（社会经济关系）派生和决定的，其核心是产权（束）丰富之后的内容——"授权监督"及相关权利义务②。受托责任关系本身，是在一定的物质生产方式下，由人们在行使权利和管理财产过程中自然形成的"授权监督"及相关权利义务关系和习惯规则。它的产生是社会经济发展的客观自然规律的表现，作为财产权关系的直接和直观体现，它是社会自然形成的客观实在，从这个角度看，其本身也是客观的自然规律——有"财产所有权的行使和管理"就必然会有相关联的"授权监督"权利义务和习惯规则。因此，受托责任关系不是一种绝对理念的、抽象的、行而上的"精神关

---

① 意识，是自然界和社会长期发展的产物，是人脑的机能，物质世界的主观映像。意识形态，也称社会意识形态或观念形态，是指属于社会上层建筑的社会意识的各种形式，包括政治思想、法律思想、道德、宗教、艺术、哲学以及部分社会科学在内，它是对社会经济基础和政治关系的反映，并为特定的经济基础和政治法律制度服务。社会意识形态是人类社会发展到一定阶段的产物。代表先进阶级利益的社会意识形态，对社会发展起着积极的促进作用，代表反动阶级利益的社会意识形态，对社会发展起着阻碍的作用。
② 有观点将这种"丰富"定义为"裂变"或"分裂"，这是典型的科斯产权理论的英美法系根源与我国法律概念承接于大陆法系之矛盾冲突所导致的，"裂变"或"分裂"并不能完全涵盖这种"丰富"。

系"，它是产权关系发展进步的结果，同时也丰富了产权关系的内容，而成了产权关系的组成部分。

第二，受托责任关系是产权关系（社会经济关系）与审计意识（意识形态）之间的"中介"。受托责任关系直接体现了特定社会物质生产方式或社会经济关系的性质与要求，审计意识、审计意识形态则是对已经形成的、产权关系丰富内容——受托责任关系的反映、确认和表达，使之成为一种社会公认的、明确的、普遍性的规范体系，甚至赋予其国家权威（国家威信和国家强制力）。因此，受托责任关系实质上是特定社会物质生产方式或社会经济关系与审计意识、审计意识形态之间的"中介"物。

第三，产权关系（社会经济关系）、受托责任关系与审计意识（意识形态）之间，是内容与形式的关系。受托责任关系直接体现财产所有权的性质与要求，因此，它显然是财产所有权关系、"两权"分离关系这些特定社会物质生产方式或社会经济关系的表现形式；但是，财产所有权关系、"两权"分离关系这些特定社会物质生产方式或社会经济关系，其表现形式是多样的，绝非仅仅只有受托责任关系一种；契约、等价有偿、共同意识表示等，也都是这些特定社会经济关系的形式。

还需要了解的是，审计意识（意识形态）作为社会观念结构的一部分，其广泛的、立体的、多层次的各种现象，也不全然是这些特定社会经济关系直接决定的，不能排除其他社会经济关系的共同影响。

结合前面的论证，可以认为：产权关系（社会经济关系）是决定受托责任关系与审计意识（意识形态）核心的本质内容，受托责任关系与审计意识（意识形态）是体现特定社会经济关系的本质形式之一。

第四，产权关系、受托责任关系与审计意识（意识形态）之间，也是社会存在与社会意识的关系。

前面已经说明了产权关系和它派生（财产所有权关系的直接体现和反映）出来的受托责任关系，是社会存在；而审计意识、审计意识形态显然是表达人类社会共同意志并且反映经济和其他社会规律的社会意识。

人类的社会意识对社会存在是有反作用的，经过社会意识的反作用之后，社会存在（社会物质生产方式或社会经济关系）必然会有所改变。而这样的所谓"改变"，一方面增加了社会意识的物化形态，另一方面也逐步使审计意识成为审计意识形态。审计意识（意识形态）的物化形态是什么？就是人们经常看到的审计法律、审计准则、审计机构和审计行为等。

（四）立体的审计本质

1. 审计本质的多面性

审计的本质具有"多面性"，不是简单的一两句话就可以概括所有审计现象的本质，因为审计的表象非常复杂。审计既是上层建筑，也是管理社会的工具，也是特定的社会规范，等等。这都是对审计某一方面特征的描述。综合在一起，就是审计的整体本质。

2. 审计本质的多层次性

审计的本质具有多个层次，首先审计来源于社会，这是它的初级本质，即社会性；其次它是人类意志的产物，这是它的第二层性质，即意志性；再次它是在共同利益的推动下产生的，有了利益需求才会有审计，这是它的第三层性质，即利益性；更进一步挖掘，这种利益驱动由特定时期的物质生活条件所决定，不随部分人的意志转移，只有经济关系和社会规律出现变化时才会发生变化，这就是产权关系，动态的、发展中的产权关系。

3. 审计本质的根本性因素是"产权关系"

本质与表象不是简单的内容和形式的关系，这两者之间不能完全等同也不是完全对立的。因为，本质自身也有其内容与形式。黑格尔把"与内容不可分离地联系着的形式"称为"本质的形式"，也就是"内在形式"或"内部结构"。本质形式与外部形式相比，前者更加稳定，后者容易受其他因素的影响而出现变化。外部形式属于现象，而内部结构形式是本质的重要组成部分，也是事物本质的决定性因素。内部结构的变化会对事物的本质产生重要的影响。就像有机化合物的分子结构对其性质至关重要，会出现"同分异构"的现象。

审计的本质内容主要是它的社会内容，包括决定审计本质的生产、交换、分配关系即经济关系，审计所体现、集中反映的社会某个或某些群体（民族、社会不同利益群体等）的共同意志与利益，政治权力与文化传统的影响、理念、精神、价值取向等。需要注意的是，这些本质内容是多面的、多层次的，其中最核心的本质内容是社会经济关系——产权关系。审计的本质形式则是它的结构特征——受托责任关系（"授权监督"权利义务关系及其习惯规则），它体现了产权关系（社会经济关系）的意志关系与意志行为，它是先于审计意识、审计机构等存在于人们社会经济关系中的客观实在，包括审计对相关经济行为的规范性、审计遵行的义务性和权威性（自觉遵循、接受指导或权力强制）、审计执行的技术性、程序性等。需要注意的是，这些本质形式也是多面的、多层次的，而其中的核心是受托责任关系——"授权监督"及相关权利义务。

因此，审计本质上是一种社会经济关系——审计关系，审计关系是产权关系的内涵之一。

4. 克服"非此即彼"的惯性思维，立体认识审计本质

前面的论证说明，对审计本质的认识和把握，不宜用一两句话概括。必须对事物进行整体把握，避免以偏概全，避免根据事物的某部分的规律就推导出事物的本质。

另外，认识过程是反复和无限的。即使是真理，也是绝对性和相对性的辩证统一。比如，事物的偶然性可能会令事物呈现出与原有定义不同的状态，使原有定义不能完全反映事物的本质，考虑到必然之中也会存在偶然，真理也具有相对性，也只能另作新定义。

这些状况的存在，正是为什么审计、财政预算审计监督等定义丛生、各执一词的根本原因。在讨论审计本质时，要注意识别那种不具有重要性的、偶然的因素以及与审计本质有关的、核心的必然性因素。而且，在任何一个时期，给出的审计概念和理论，都不可能穷尽，也不可能是最终的。

关于审计本质的研究，学者们先后提出过查账论、过程论、经济监督论、受托责任控制论、契约论等观点。在大多数学者而言，后来者体现出的"高"的现象，表现在他们经常将以前的学说、观点加以剖析，并说明其自身的升华与完善。其实，这就是没有重视"亦此亦彼"现象中含有的哲学思想。根据上述说明，这几类学说，实际上都有正确性和实践意义，一方面，反映了人们对审计逐渐深入的认识过程；另一方面，也从不同层次，审计的不同方面对其本质进行了研究，这也就是所谓"立体的审计本质"。

二、审计整体的系统特性

前面已经采用还原法将审计分解为本质内容、本质形式、物化形态等要素，为运用系统科学理论、界定审计系统的边缘进而分析审计系统的发展做出了铺垫。下面将在分解研究的基础上，综合运用现代系统科学，集成审计众多复杂因素到系统整体，以"新三论"之一的耗散结构论和权变演进思想为主线，以复杂适应系统理论确立的准全息视野和网状逻辑模式，描述和研究审计系统的

发展变化。

（一）系统科学理论的引入

1. 耗散结构理论

耗散结构论是一门研究非平衡态开放系统结构和特征的学科，由比利时物理学家普利高津教授首次提出。在普利高津教授热力学第二定律的基础上，提出了"耗散结构"论。耗散，指的是开放系统与外部的物质、能量、信息的交换运动。耗散结构，则是指处于非平衡状态的开放系统，通过耗散逐渐变化为动态、平衡、有序的系统。耗散结构论研究开放系统有序化所必需的条件、行为和作用机理，研究如何通过"涨落"将无序的系统有序化，还探讨耗散结构的概念和范畴如何运用。

2. 权变演进理论

权变作为重要的系统科学概念，源自于中国古代管理思想和西方权变理论。权变理论具有三个主要特征：①以开放系统为基础。权变理论认为组织是一个开放的系统，与一般系统理论相比，权变理论更具体，更强调分析组织系统与外部社会、政治、经济系统的相互作用机制，重点研究组织与环境之间，以及各子系统之间的一致性。权变理论认为，组织取得成功的关键是其要有应对环境变化的能力。②从多变量的视角分析复杂问题。确定不同变量组合产生的特定结果，应用各种方法解决特定情景的具体问题，否认一种普遍适用的最佳原则和方法，强调灵活性和适应性，应能够适应环境的变化。③以实践研究为导向。强调在实践中总结经验，上升到理论方法层次，再去指导和改进实践，相对缩短了理论转化为效益的时间，有利于对实际应用问题的研究。

3. 复杂适应系统理论

美国圣菲研究所（Santa Fe Institute，SFI）是复杂科学的起源地，复杂适应系统理论作为复杂科学的一个重要组成部分，是 SFI 创建 10 周年之际取得的一项重要理论成果。复杂适应系统理论认为，"适用性"是系统复杂性产生的根源：①系统由系统的主体组成，主体是能够随环境的变化而变化的实体；②各个主体间、主体与外部环境间相互作用，能够推动系统发展；③"宏观"和"微观"是有机关联的，应当结合整个系统的演进考察主体的适应变化；④系统中主体的活力，会伴随竞争机制和随机机制而增强等。

系统科学远远不止上述内容，还有混沌系统理论、复杂系统理论、开放复杂巨系统理论、蝴蝶效应理论，等等。限于篇幅，不再详述。

(二) 审计系统特性的分析

审计是一个庞大复杂的社会子系统。基于前面的理论准备和分析,审计在本质上是立体的、多层次的,这样的立体本质直接反映出的审计的体系结构、内容形式、方法技术以及运动特性、社会属性等,必然都是极为复杂和多因素性的。按照系统科学理论的指导,审计无疑是一个庞大复杂的社会系统,它是人类社会巨系统中的子系统,而其所包含的产权关系、受托责任关系、审计意识、审计意识形态、审计制度规范、审计技术准则、审计行为等诸多要素本身也是动态、复杂的系统。这些要素系统是审计系统的组成部分,是审计系统的子系统。审计系统不是独立的、不是孤立的,甚至它的系统边界、内部结构、层次关系都存在模糊、交叉,它是一个动态的、非线性的系统,在与社会经济结构、社会观念结构、社会政治结构①的全方位交叉、互融和互动中实现自己的动态平衡与演进发展。图1-2反映了审计系统的构成及其外部环境。

首先,它是一个开放的系统。审计系统一直不断与外界环境,如社会经济结构、社会观念结构、社会政治结构之间交换物质与能量。其次,审计系统是一个远离平衡态的系统。从最初的查账到财务报表审计直至现在包括绩效在内的审计监督,无不说明审计系统不断与社会环境相融,以形成内部的变革动力,通过一次次的跃迁,在从无序到有序、又从有序到无序的反复过程中,螺旋式上升,朝着更高级的状态不断演进。再次,系统内部各要素之间是非线形的相互作用。产权关系、受托责任关系、审计意识、审计意识形态、审计制度、审计行为要素之间,不是简单的推导关系。自身都在不断变化,彼此之间还存在复杂的交叉互动,甚至各环节中还掺杂外部因素的影响。有了差异性和多样性才可能通过交流和互动,碰撞出新思想的火花,产生1+1>2的整体涌现效应。最后,通过突变和涨落实现跃迁。

审计系统一方面从实践中丰富内容,另一方面从环境的交叉结合中催生新思想的萌芽,这些新思想和认识正是通过反馈循环产生巨涨落,以实现从有序到无序、又从无序向新的有序转化、演进,不断形成新的思想体系、新的结构

---

① 根据马克思主义理论,人类社会包括社会经济结构、社会政治结构和社会观念结构三部分。社会的经济结构,是指多种生产关系的总和,即经济基础。在由多种生产关系构成的经济结构中,必有一种生产关系居于统治地位,起着主导作用。正是这种占统治地位的生产关系决定了社会经济结构的性质。社会的政治结构,是指建立在社会经济结构之上的政治法律设施、政治法律制度及其相互关联的方式,包括政党、政权机关、军队、警察、法庭、监狱和关于政权的组织形式以及立法、司法、宪法的规程等。社会的观念结构,是指思想上层建筑或观念上层建筑,它是由各种意识形态组成的有机系统。

和新的方法等。

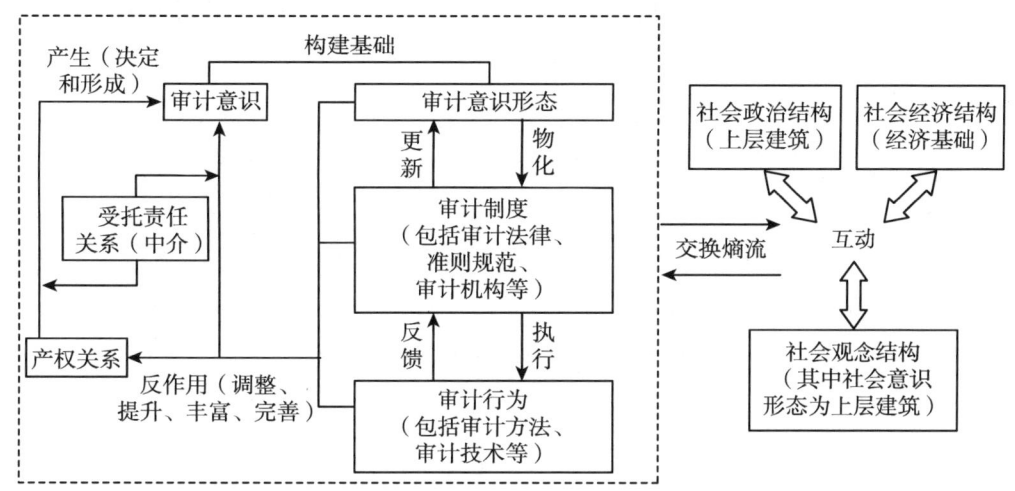

图 1-2 审计（系统）示意

注：1. 审计系统是一个以社会系统为外部生存环境的耗散结构系统，是一个复杂系统。从综合视角观察，它是一个整体，名称为"审计"；从政治、经济学视角观察，它反映了由产权关系发展而产生的新的生产关系（产权关系）——审计关系。

2. 审计关系也是产权关系之一，产权关系是社会经济关系的重要组成部分。随着生产力的发展进步，导致了审计关系的变化，决定了审计意识的丰富，例如"绩效"等观念的增加。最终导致整个审计系统各因素均发生相应变化而形成了新的审计系统（新的、内容更丰富的审计关系）。

3. 依图所示，把审计称为审计关系、审计意识、审计意识形态、审计制度、审计行为等，实际上都有其正确性和积极意义，这就是立体的审计和审计本质。

4. 图中，"产权关系"的"产权"是需要特别注意的一个概念，各类理论经常混淆大陆法系与英美法系中完全不同的产权内涵和外延。形成这种情况的根本原因，是我国法律体系在法思想上接受了这两大法系的内容，却又独创性地自成一体，但至今没有完善，更谈不上系统化。

三、财政预算审计监督的概念理解

（一）财政预算审计监督的本质内容与本质形式

前面已经论述，审计是有本质内容和本质形式的。审计的本质内容是产权关系，本质形式是受托责任关系，本质内容相对稳定，本质形式经常发生变化。

公共受托责任，是 20 世纪 60 年代和 70 年代，社会生产力进步以后，来源于人们对公共权利的重视和对民主的要求。它是当代政治学和经济学最重要的概念之一，是国家依法行使权利的依据。公共受托责任，即公共受托责任关系，是受托责任关系的内涵之一，是受托责任关系高度发展的结果。它是民主政治进步的结果，是自由资本主义向国家资本主义转变过程中，社会经济、政治、观念结构等社会巨系统互动演进的结果在审计系统当中的映射，与国家管理密切相关[①]。

财政预算审计监督[②]，是国家诞生以后，国王或君主基于委托大臣帮助其管理巨大的个人财产——国家，而出现的。近现代意义上的财政预算审计监督，是应社会经济发展的需求、国家财政预算管理（公共管理核心内容之一）的需求而产生和发展的。

值得注意的是，近些年由于"绩效"观念的出现，公共受托责任的内容逐渐丰富，由最初只关注合规、合法性，到现在既关注合规、合法性又重视经济、效率和效果性，发生了重大改变。财政预算审计监督已经出现由最初的合规性监督向绩效审计阶段跃迁的变化和趋势。

本质形式是由本质内容决定的，公共受托责任不可能自发改变。根据前面的思考结论，财产所有权形式、产权关系内涵和外延的变化以及由这些变化所引发的、整体的系列关联变化，应当是本书研究财政预算审计监督时需要关注的核心问题。

总的来看，财政预算审计监督是审计，其本质内容是产权关系，其本质形式是公共受托责任关系。财政预算审计监督，是社会经济发展以后，公共受托责任内容因应公权意识、责任、透明、绩效等观念的出现而丰富的结果。追根究底，是由社会生产力的发展带来产权关系的丰富导致的必然结果。

（二）财政预算审计监督的系统特性与动态发展

财政预算审计监督的研究非常复杂。现代系统科学前沿的复杂适应系统理论认为，系统科学的深化存在怎样处理"点"的问题。系统的"点"与一般的

---

① 国际最高审计机关组织 INTOSAI 关于审计规定的利马宣言中开宗明义地指出："公共资金的管理，意味着一种委托关系。"这也说明，公共受托责任就是受托责任关系，是一种包含授权监督与相关权利义务的社会经济关系。

② 前任审计长刘家义（2009）指出，凡是涉及公共财政资金的审计，都是财政审计。具体来说，包含预算编制和审批过程的审计、预算执行审计、决算审计、政府债务审计、专项资金审计等内容。鉴于预算管理是公共财政的重点，而审计监督又是预算管理的关键环节之一，本书运用"财政预算审计监督"一词，旨在研究如何有效运用审计监督手段，完善财政资金的事前、事中以及事后全流程预算管理，以确保公共财政资金使用的合法性、经济性以及效果性等，以最终实现包容性增长的发展。值得注意的是，目前我国财政预算审计监督的重点主要是对预算执行环节的监督审查，从每年公布的审计工作报告中可以看出。

"质点"不同，它们可能有复杂的结构，这种结构能够对系统运行产生巨大的影响，所以，怎样定义"结构点"是研究系统科学需要解决的第一个问题。除此之外，系统内部和外部间的划分并不是很清晰，系统的外部关系很可能是系统的内部关系：不同系统间的包含关系，也是系统内部各个子系统的"层次"关系；不同系统间的并列关系，也是系统内部不同"部分"之间的关系；不同系统间的交叉关系，也是系统内子系统构成"整体"的关系。所以，以上不同描述需要一个统一的标准。另外，还要确定系统因子及不同层次之间的物质、能量、信息交流以及它们之间是如何作用的，建立一个能呈现二维以上参量关系结构的系统模型，以此展现复杂系统参量之间的确定性交互及协同作用。因此，前面对审计系统内外部构成要素的说明都是近似的、粗糙的，也是不可能准确的，只是为了方便研究财政预算审计监督问题而提供的轮廓性概述。

图 1-3 反映了财政预算审计监督系统与社会经济、政治、观念结构之间交叉互融的复杂关系。尝试着按照马克思主义哲学和系统科学的指导，全方位、多角度地审视财政预算审计监督，采用非线性、网状的研究思路和思维逻辑去考察财政预算审计监督的属性、发展规律等，以探索我国财政预算审计监督改革的发展战略。

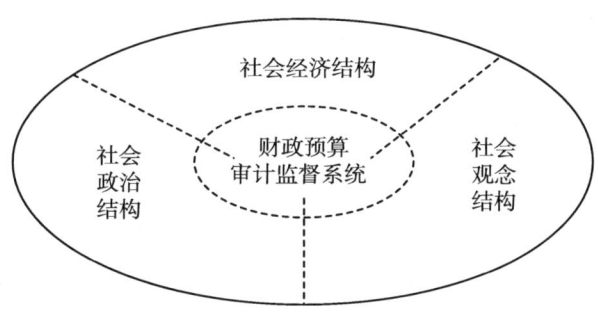

图 1-3　财政预算审计监督系统与社会结构之间的基本关系

注：此图轮廓性地描述了准全息视野下财政预算审计监督系统的基本情况；图中每个部分都与其他所有部分相互关联甚至融合；财政预算审计监督正是随着审计系统与社会结构之间的关联互动而产生和发展的。

（三）财政预算审计监督的立体认识与准全息观察

前面已经论述，对同一社会事物，由于其具有多样的规定和属性，应当多视角、多方法地把握和研究。当多视角、多方法地审视同一事物的某一或某几方面时，必然会产生不同的结论和意见。因此，任何概念和定义都只可能是简单、粗糙、近似、无法穷尽事物真相的，综合起来，才能见识到一个全面的事物。财政预算审计监督同样如此。

从具体内容上看，财政预算审计监督涉及财务审计、合规审计、绩效审计三方面内容。财务审计，旨在确定政府财务报表是否恰当列报和披露了政府财务信息。合规审计，是对被审计部门遵循财政开支授权和相关法律法规的情况进行评价。绩效审计，旨在评价是否实现财政预算管理目标，以及是否经济高效地开展公共部门管理活动等。

从监督对象来看，财政预算审计监督包括预算编制和审批过程的审计、预算执行审计、决算审计等。预算编制和审批过程的审计，是指在预算草案的生成和批复过程中，对预算编制和审批进行真实合法性以及绩效性监督。虽然目前还没有将预算编制审计和预算审批审计全面纳入工作日程，但是在理论上和法律上已经开始要求审计主体参与预算编制和审批过程的监督。预算执行审计是指，预算草案经审议批准后，对预算执行的真实性、合规性和绩效性进行的检查。它是财政预算审计监督的重点部分。决算审计，是指审计机关对各级政府的决算报告审计的过程，主要对决算草案的真实性、合规性、完整性执行审计检查。有效的决算审计有利于政府机关对预算的编制和执行作出合理评价。为了便于研究，将财政预算审计监督，按照预算流程，大致划分为预算编制审批阶段的审计监督，以及预算执行决算阶段的审计监督。

从工作过程来看，财政预算审计监督是指，审计人员依据一定标准，例如特殊需求、测量指标或要求的实务，对充分、适当的证据进行评估，以提供保证或结论的业务。财政预算审计监督能够提供客观评价，帮助管理者或监管部门获取预算决策信息，以改善财政管理绩效、降低成本、服务于政府公共管理，最终促进公共受托责任的履行。

从系统属性来看，财政预算审计监督在政治层面上，是国家民主政治发展的产物与推进剂，是实现包容性增长的政治武器；在管理层面上，是公共管理特别是财政预算管理的重要手段，是建立责任政府、透明政府、有效政府的管理工具；在技术层面上，又是一个包括方法标准、人员组织、制度设计等许多因素在内的审计监督操作系统。

从根本上说，财政预算审计监督是社会生产力发展到一定阶段，社会经济关系和产权关系极大丰富后，公众对受托责任有了更高的要求，不仅要求财政收入最终花费在人民身上，同时也对财政支出的合法性、绩效性提出了要求，因此产生了的一种审计系统新的自组织发展和改革方向。

第三节 包容性增长框架下财政预算审计监督的改革要求

本节阐述了包容性增长框架下，财政预算审计监督系统进行一体化改革的必要性和紧迫性。在财政预算审计监督系统内部：需要大力推进向绩效审计高级阶段的跃迁；改革行政型审计监督模式、吸收注册会计师审计力量，形成审计监督的合力。在财政预算审计监督系统的内外部协调方面：需要借助绩效审计、配合深化政府部门绩效管理改革；以政府内部控制的完善为抓手，实现审计监督与预算管理的良性互动。

一、财政预算管理需要实施全覆盖的审计监督

在科学发展观、包容性增长框架等发展思想的指导下，近年来，围绕预算管理制度、事权和支出责任制度等方面，部署了一系列深化财政体制改革的顶层方案。2014年颁布了新修订的《中华人民共和国预算法》、2014年国务院发布了《关于深化预算管理制度改革的决定》、2015年发布了《关于实行中期财政规划管理的意见》等。作为国家预算管理的关键环节之一，审计监督也提出并开展了相应的变革。

审计监督全覆盖的理念，在2013年10月国务院第26次常务会议上首次被提出。李克强总理要求审计机关对公共资金、国有资产、国有资源等实现审计监督全覆盖。2014年10月发布《中共中央关于全面推进依法治国若干重大问题的决定》，正式提出审计全覆盖的要求，涉及公共资金、国有资产、国有资源和领导干部履行经济责任情况等。

审计全覆盖不可能一蹴而就，需要分阶段有重点的实施。作为国家财政开支的守夜人，现阶段审计机关的重点仍需放在财政资金及其预算管理的审计监督方面。财政审计是审计监督的永恒主题（李金华，2004）。1995年审计法提出"上审下"和"同级审"以后，预算执行审计更是财政审计的重中之重，纳入监

督范围的中央部门从 2003 年的 9 个增至 2015 年的 42 个。但是，尽管财政审计始终排在审计工作格局的第一位，2004 年财政审计覆盖面只有 10%，2015 年审计的预算支出也仅占 42 个中央部门预算支出总额的 36%。除头几年在社会上引起广泛关注和震撼以外，审计风暴的边际效应近年也急剧递减。

为何审计监督的效率、效果不高，问题在哪里？研究认为，关键原因之一是没有真正实现财政预算审计监督的一体化。具体表现在两个方面：一是审计监督的制度有缺陷，独立性不足，而且力量单薄、没有在系统内部形成合力；二是审计监督未能与外部的财政预算管理和谐互动，忽视了绩效审计、内部控制的重要作用。例如，内部控制建设是解决审计任务繁重与审计力量不足的有效途径，也是撬动财政预算管理和审计监督共同发展的关键着力点。

财政审计一体化是中国特色的审计名词。金勇（2000）、赵劲松（2004）、杨肃昌和肖泽忠（2007）、刘正均（2009）等从审计流程、不同业务种类的融合以及隶属关系等角度进行了探讨。研究认为，需要呼应包容性增长的"共享""协调"理念，宏观、整体地认识、实施一体化改革。紧扣预算这个主题，在审计监督系统的内部、内外部之间均实现一体化协作。

二、财政预算审计监督的内部一体化改革要求

（一）绩效审计是财政预算审计监督内部一体化改革的必然方向和高级阶段

绩效，是由 performance 翻译而来，主要是指某一任务、事项的完成、执行和成绩等结果。到目前为止，公共领域的研究中，并不存在一个关于绩效的定论。首先是由于公共部门没有像企业的利润一样普遍适用并且较为科学的指标，不同的利益群体对绩效有不同的看法；第二是由于绩效的概念容易随着理论研究与社会实践的深入而不断变化。

总的来说，绩效是指一个机构或项目的资源投入、产出和结果，它关注产出和结果，因此可以反映组织特定能力的效率、效益等情况。审计或评估就是对这一能力的认识过程。绩效要素应当是一个结构。经济、效率和效果被认为是绩效的"新正统学说"。新公共管理运动的兴起，推动了行政改革，也促进了质量、责任、公平等指标被引入公共绩效评价体系。这些概念的陆续引入，为审计系统输入正熵，打破其有序状态，促使其不断自组织，发展成为更高级、更复杂的审计系统。

绩效审计是财政预算审计监督内部一体化改革的必然方向和高级阶段。英国著名学者戴维·德尔认为绩效审计起源于 1180 年以前。但是，更多的学者认为绩效审计产生于 20 世纪初，并在 70 年代以后得到发展。

为何一开始没有搞绩效审计？廖洪教授认为，绩效审计是审计发展的高级阶段。首先，从财政审计监督需求来看。审计产生的初期，社会生产力水平较低，国家的财政收入较少，而君主专制也使财政资金使用的决策权被君主掌握，所以此时绩效审计并没有条件发挥作用。其次，从企业内部审计的需求来看。由于物质的缺乏，企业间不存在激励的竞争，使得商品的销售更加容易，企业的生存和发展难以被外界环境所影响，所以企业不存在绩效审计的需求。最后，从审计实施的技术和方法来看。财务审计是对会计凭证等进行检查，对于技术的要求比较低，而要对资金使用的绩效进行评价，不仅对审计技术有很高的要求，还要根据具体情况建立科学合理的评价标准，由于当时技术条件的约束这些要求都难以实现。

在美国最高审计机构的带动和示范下，许多立法模式、司法模式和行政模式的政府审计机构先后从合规性审计、财务审计逐步向绩效审计阶段演变进化。1986 年 4 月 16 日，最高审计机关国际会议正式发表了《关于绩效审计、公营企业审计与审计质量的总声明》，指出开展绩效审计的必要性，绩效审计能够促进公共部门向更经济，更高效的方向发展，提高公共部门信息透明度，对其受托责任履行情况进行更好的监督[①]。可以看出，绩效审计正进入高速发展时期，它是对"绩效"这种最显著涨落方向的内部自发选择，是财政预算审计监督系统不断适应外部经济、政治、观念环境，进行自组织调整的必然结果。因此，财政预算审计监督必然朝绩效审计的方向发展。

（二）政府内部审计监督的制度安排，难以满足公共权力制衡的治理需求

2006 年修订的《中华人民共和国审计法》第二条规定，"国务院和县级以上地方人民政府设立审计机关。"现行审计体制下的政府审计，类似于政府的"大内审"。但是，随着我国社会经济、政治、观念结构的进步，目前的行政型审计监督模式无法满足新的社会需求，已经在系统结构方面产生正熵。主要理由有两点。

第一，现行审计体制下，政府首长对审计工作的干预较多。这是由行政体

---

① INTOSAI: General Statement on Performance Audit, Audit of Public Enterprises, and Audit Quality.

制决定的，在制度和立法中能够找到相关证据，这也是政府首长在履行其职责的过程中难以避免的。因此，政府首长职责的要求，其对于政绩的需求，以及个人的偏好等因素都会对审计监督产生较大的影响。

第二，现行审计体制下，审计监督主要是为党政工作服务。作为立法机关的人大是我国最高国家权力机关，在审计监督制度创建之初，其最高权力地位更多体现在宪法的修订和理论层面。因此，我国审计机关针对政府的监督工作主要是以党政工作为中心展开。目前我国经济体制改革中出现不少问题，一个主要的原因是行政权力集中度过高，为权力的滥用创造了有利条件。以立法监督为核心的外部审计监督一直以来被各国视为建立有效审计监督制度的重点。但现行的法律和体制下，政府可能干预审计机关的监督工作，对其产生较强的压力，导致审计监督仍然带有政府部门"自我检查"的色彩。缺乏有效的权力约束机制，政府对财政资金的管理依然有绝对的话语权。因此，现行审计监督制度阻碍了财政预算审计监督的发展。

在财政预算审计监督系统内部，必须进行一体化的变革。既要借助注册会计师等社会中介机构的审计力量，也需要调整目前审计机构的设置，以区分人大审计监督（国家审计）、政府内部审计，建立由人大领导下的国家审计、政府内部审计、注册会计师组成的"三位一体"网络型财政预算审计监督制度。

值得注意的是，十九大召开以后，2018年5月新成立中央审计委员会，习主席在第一次会议即提出，"要深化审计制度改革……要加强对内部审计工作的指导和监督，调动内部审计和社会审计的力量，增强审计监督合力。"

（三）财政预算审计监督的力量不足，需要注册会计师行业的参与协助

为建设高效、责任、透明政府，提高财政管理科学化精细化水平，我国从2011年起推行预算绩效管理，提出"引入第三方社会中介组织参与绩效评价"。《预算绩效管理工作规划（2012—2015年）》正式规定，要"探索引入第三方参与绩效管理工作，规范第三方参与行为，认真总结经验，充分利用已建立的各类智库，逐步扩大第三方参与的范围，提高评价结果的权威性和公正性。"

事实上，注册会计师行业在人员、技术等方面做好了相应准备，并已积极试点推行。由注册会计师实施的绩效评价已经并将进一步成为加强我国财政预算绩效管理的重要措施。

1. 人员数量的优势

据统计，截至2013年9月，我国共有注册会计师98314人，非执业会员

94440 人，会计师事务所 8175 家，从业人员约 30 万人。在提升财务信息质量方面，注册会计师行业也发挥了重要的作用。例如，仅 2011 年度上市公司年报审计中，审计后的利润总额调整 210 亿元，应缴税费调整 150 亿元，资产总额调整 2912 亿元。保护了资本市场投资者的合法权益，对于保障市场经济健康平稳运行和发展有重要意义。

可以预见，未来的注册会计师职业将由专业化转向多元化发展，随着更多的职业会计师进入政府等公共部门领域，将在公共资源监管、财政预算管理改革方面发挥巨大的建设性作用。

2. 胜任能力的优势

作为第三方社会中介组织，注册会计师能够具备诚实守信、独立客观的精神态度，以及勤勉尽责、专业精湛的能力保障，是其执行财政预算审计监督业务最明显的优势。

为有效实施财政预算审计监督业务，很多会计师事务所已经自行摸索制定了相关的操作规程和技术指导。例如，上海沪港金茂会计师事务所，编制了《沪港国际咨询集团财政支出项目绩效评价操作规程》，以确保财政预算审计监督的质量。在承担上海城乡建设和交通委员会财政专项资金审计监督的基础上，作为延伸项目制定了《上海城乡建设和交通委员会财政支出绩效评价指标框架》和《上海城乡建设和交通委员会财政支出项目绩效评价实施细则》，为委托单位以及该所未来实施类似项目提供技术依据和具体指导。

3. 现有实践的优势

在我国，注册会计师参与财政预算审计监督的实践早已开始，并有加速推广的趋势。审计署 2006 年颁布了《聘请外部人员参与审计工作管理办法（试行）》。从 2006 年起，北京市陆续有中平建华浩、源隆、致同、信永中和、中润达、兴中海等多家会计师事务所开展财政支出的审计监督工作。

上海，我国经济发展的前沿城市，2010 年 9 月起即实施《关于市级财政专项资金实施注册会计师审计制度的暂行办法》（沪财企〔2010〕69 号），要求全部市级财政专项资金必须经认可的会计师事务所审计。2011 年起规定可以委托代理的方式实行审计监督。

除北京、上海以外，我国江西省、湖北省也先后出现了由注册会计师实施财政预算审计监督的实践。

根据制度经济学的理论，诱致性的制度变迁已然出现，下一步需要在保障机制、人员安排、技术方法等方面进行相应的调整和改革，以适应国家经济发展和对财政预算审计监督的需要。

三、财政预算审计监督内外部一体化改革要求

（一）推进财政预算审计监督向绩效审计跃迁，深化政府部门改革，发挥国家治理功能

对经济活动进行监督，一直都是我国审计机关最重要的职能。从西周的宰夫、宋代的户部、明清的监察院，直至民国时期的审计体制改革，审计监督的制度安排不断发生变化，而监督检查职能一直延续至今，表现出了很强的路径依赖性。

值得注意的是，随着人类社会、经济、政治环境的变化，经济活动日益精细化发展、社会系统之间越来越需要协调、配合以产生聚集涌现效应。审计监督职能应当具有更加丰富的内涵和理解。在审计监督的过程中，由传统的合法合规性审查转向对预算开支、经济活动、项目的经济性效率性以及效果性的审查，有助于改进被审计对象的管理工作、带来价值增值，更好地发挥国家治理功能。同时，有助于促进审计主体与被审计对象之间，由冲突对立变为合作双赢。

此外，通过推进财政预算审计监督向绩效审计跃迁，还能够促使审计主体关注自身的绩效问题，激励他们以身作则，为被审计对象作出表率示范，引领深化政府公共部门的改革，以最终实现包容性增长。

（二）完善政府内部控制及其评价体系，实现审计监督与预算管理的良性互动

完善政府内控体系，有助于审计监督与预算管理的良性互动[①]。通过促进财政预算管理的规范化、科学化，产生"无疫则免疫"的效果。同时，减轻审计人员的工作负担，促使财政预算审计监督系统更好、更快地向绩效审计的高级

[①] 本书系国家社科课题"包容性增长框架下财政预算审计监督一体化改革研究"的研究成果，课题立项时间是 2011 年。立项的研究计划是，初步设计政府内部控制的建设指引，旨在帮助构建我国政府内部控制体系。2012 年我国财政部正式发布了《行政事业单位内部控制规范（试行）》，要求从 2014 年开始施行。鉴于政府内部控制评价是确保内部控制规范得以有效执行的重要配套指引，而相关理论研究较少，且尚未开始实践，本书最后部分第五章，调整为政府部门内部控制评价指引的框架设计，以期为后续实践提供参考。

阶段跃迁，最终实现审计监督、预算管理两个社会系统的共同进步。

1. 构建政府内控，有助于审计免疫系统作用的体现

审计的"免疫系统论"表明，政府审计除了对国有资金进行检查和监管之外，更应该预防、揭露和抵御经济运行中的风险，保障社会经济运行安全，充当国家和公众利益的保护者。随着审计的监督职能从事后逐渐发展到在事前、事中、事后的全过程中体现，构建政府内部控制制度，有利于审计机关从各个控制环节对舞弊、滥用职权等行为进行预防、揭示和查处，从而充分发挥审计的免疫系统功能。例如，可以结合政府内部控制的设计和实施情况，经常就高风险领域进行评价分析，有针对性地加强管理监督的力度。

2. 构建政府内控，有助于审计监督效率的提高

政府内部控制的好坏，直接影响着审计主体的工作效率。如果内部控制设计存在缺陷或者运行无效，政府部门提供的会计和其他经济信息的真实性、完整性就会大打折扣，增加审计工作的难度。审计主体不得不扩大审计范围，实施更多的测试程序。加强构建政府内部控制，可以提升审计证据的信息价值，使已获取的审计证据可利用程度更高。此外，当内控制度完整有效时，通过审查内部控制的运行情况，审计部门可以对被审计部门各项业务的重要程度作出排序，对审计程序中的工作重点作出安排。因此，加强政府内控的构建，能够帮助审计主体合理制订审计计划、降低成本，提高审计的效率效果。

3. 构建政府内控，有助于预算管理科学性的增强

政府内部控制的缺陷会降低财政资金的配置效率，导致预算管理腐败频发。如果没有内部控制对中央政府预算执行进行规范、对预算管理进行监管，无论实行怎样的改革方案与措施，都难以有效地管理财政资源、公平地行使国家权力。因此，需要将政府内部控制与部门预算的整个过程相融合，从控制的各个环节进行把控，以此提高预算管理能力。这样做也有助于增强政府部门预算的透明度，使得政府部门及下属单位的预算编制更加符合实际、财政预算管理更加科学。同时还应当严明财政预算纪律，落实依法行政原则，以此增强预算的严肃性和政府内部控制制度的权威性。

4. 构建政府内控，有助于国家财政风险的降低

如果政府内部控制不健全、行政权力缺少约束，将导致我国政府面临重大的财政风险和金融风险。有必要构建严格、完整的政府内部控制制度，使国家财政资金从预算编制到拨付执行，整个过程都处于有效的监督和严格的控制之

中，以此降低国家财政风险。

我国政府内控制度目前尚处于初建时期，有待进一步发展与改善。近年来，相关法规文件相继出台，显现出有关部门对政府内控建设的重视。例如2014年，十八届四中全会提出，相关部门应进一步强化权力运行约束与监管控制、加强国家资金分配使用等内部流程控制；2016年开始，要求行政事业单位进行内控的自我评价并且报告。由此可见，帮助完善政府内控将成为创新财政预算审计监督模式、促使预算管理与审计监督良性互动的重要手段。

然而值得注意的是，目前我国政府内部控制在运行过程中已经暴露出一些问题，需要对其有效性进行全面科学的评价，以进一步完善健全政府内部控制。本研究最后一部分将借鉴国外现有模式和企业内控发展的有益经验，初步设计有效的政府内控评价体系，以确保政府行为符合法律规范，促进公共权力和资源的有效利用，实现包容性增长的目标。

第二章 美国财政预算审计监督的经验借鉴

弥补和克服系统正熵的根本方法是加强学习。在与外部环境的不断互动中，模仿好的组织行为或状态，改进并提升自身的行为能力。美国是世界上经济最发达、政治影响最大的国家之一，也是中国最密切的贸易合作伙伴，一直都是我国社会科学各领域研究的重要参照。了解美国财政预算审计监督历史、动态的发展轨迹，对于更好地管理和引导我国财政预算审计监督系统一体化改革，加快合规审计向绩效审计高级阶段的演进，具有重要的意义。

第一节 美国财政预算审计监督的历史发展

本节拟考察美国财政预算审计监督系统的动态演进轨迹，包括合规审计时期、财务审计时期，以及绩效审计时期，为我国财政预算审计监督的未来改革提供经验借鉴。

一、美国财政预算的合规审计时期

美国财政预算审计的萌芽起步时期是从1921年至1945年，大致跨越会计总署第一任主计长John R. McCarl从1921年至1936年的职掌期间[①]。该时期工作以合规性监督为主，尚未着手财务审计、绩效审计，却与后续发展环环相扣，在体制建设、内部管理、权力斗争等方面存在延续关系。

---

① 1936~1940年，主计长职位空缺。会计总署2004年更名为政府责任总署。

(一) 1921 年《预算和会计法案》

1. 法案的主要内容

1921 年 6 月 10 日，美国第 29 任总统哈定，签署公布了 1921 年《预算和会计法案》(Budget and Accounting Act of 1921)①。该法案由"定义""预算""会计总署"三个部分组成。它的公布标志着美国正式建立了财政预算制度，也标志着由美国国会领导的审计监督系统的产生。

(1) 财政预算的管理。

"预算局"(The Bureau of the Budget，BOB) 是财政部内的预算管理部门，直接领导其工作的局长是由总统任命。总统必须对年度统一预算报告负责，有责任向国会说明上一财政年度收支状况以及下年财政收支计划。如有赤字，总统需要就如何缩减赤字提出相关措施；如有盈余，总统可以建议减税。预算局局长需向总统提交初步的预算报告，总统对其进行修正，形成特别咨文，最后将预算提交国会。

(2) 会计总署的设立。

会计总署是美国主计长领导的非行政部门，是国会的下设机构。自 1921 年 7 月 1 日起，会计总署代替原有的财政部主计长办公室行使职权，接管其所有财产，财政部主计长和主计长助理职位不复存在，其余所有官员和员工按照原有的待遇级别转为会计总署的官员和员工，主计长掌管会计总署的印章。

主计长和主计长助理任期为 15 年，主计长不得连任。主计长年满 70 岁时，应退职。若主计长或主计长助理长期不能工作，或有不称职、玩忽职守、道德败坏等情况，并经国会两院联合听审后认定，或因其他理由被弹劾，则可以联合决议，随时免去主计长或主计长助理的职务。按照此种方式被撤职的主计长或主计长助理不能再担任该职务。

(3) 会计总署的工作职责和权力。

主计长有权力对公共资金的收支进行调查，并在必要时，将会计总署工作情况的报告递交国会和总统。应当提出对解释和处理会计账目有用的立法建议，以及与公共资金收支有关的建议，还应当提出能够提高经济性和效率性的建议。

2. 法案的颁布背景

(1) 1921 年以前的财政预算管理和审计监督。

---

① 沿用大多数学者的表达方法，写为 1921 年《预算和会计法案》，以下法案的表示方法相同。

美国一直将财政预算管理视为影响政府运行效率的重要问题。1802年，托马斯·杰弗逊总统曾向财政部长感叹，"我们希望联邦财政就像商人的账簿一样清晰明了，这样国会的每个成员和任何一个美国公民都能读懂[①]。然而，这只是一个幻想而已。美国宪法中除了"唯国会同意拨款才能进行支出"以外没有任何有关财政管理的内容。1921年以前，总统没有向国会提交统一预算的法定责任，政府享有很大的自由处置权，各部门之间甚至相互挪用经费。导致19世纪末，联邦政府普遍存在贪污、欺诈和浪费行为。

1921年以前，审计部门都是政府机构。1893年《克雷科雷尔条例》通过以后，财政部下设主计长和副主计长，以及财政部审计官、陆军部审计官等六名审计官。他们由财政部长直接领导，分别对各部门的财政收支情况进行事后监督。财政部内部，审计官对立于金库出纳官，如果双方出现分歧，则最终裁决权在主计长手中。这种审计制度实质上是行政监督，行政体制对审计的独立性和监督能力都有较大的不利影响。

虽然当时美国财政部必须在国会批准后才能拨出款项，但款项的划拨缺乏合理的预算制度和正式的收支计划。总统无需对国会说明下一年的财政收支计划，由财政部收集和汇总各部门下一年度所需的经费，经由负责该部门的审计官复核即可提交国会。国会监督财政资金使用的方式主要有两种：一是制定拨款法案，对资金使用的各个环节做出详细的规定，目的在于规范和指导公共财政资金的合理使用；二是建立可靠的政府部门内部控制系统，保证财政支出的所有流程都有不同的人员进行监督，产生系统内部相互制约、相互监督的效果，从而确保财政资金的使用安全。国会委员会经常将这些作为补充的调查手段。第一个原因是那个时期的美国还没有形成同欧洲一样集中的行政职权，第二个原因是政府对公共事务进行管理的行政职能在一战之前还没有凸显出来，公共财政开支与联邦税收都比较少，因此不完善的审计监督制度没有引起公众的重视。

（2）1921年《预算和会计法案》的权力斗争。

从哈定总统上任直到1932年，美国财政部长始终是梅隆。在这位富翁财长看来，"政府仅仅是一个企业，能够而且必须按照企业原则进行管理"，其实施的政策一直将减少财政支出和提高财政收入作为原则。这些政策实施的起点是

[①] 罗伊·T. 梅耶斯等：《公共预算经典——面向绩效的新发展》，上海财经大学出版社，2005年，第46页。

健全和改善政府部门预算报告编制程序,所以梅隆一直致力于 1921 年《预算和会计法案》的通过。

初始的 1921 年《预算和会计法案》仅规定,设立行政部门的预算管理单位——预算局(Bureau of Budget,BOB),隶属于财政部,进行财政预算管理①。而国会对行政部门自己审计一直持怀疑态度,为了提升监管行政部门的能力,国会强烈要求在法案中增加"美国会计总署"作为牵制和对抗。为保证和提高审计的独立性,主计长由总统提名,经国会批准后任命,除国会两院联席会议决定以及众院的弹劾外,其他任何理由均不能作为罢免的依据。为保证主计长的退休生活,其退休后依然享受全薪的福利。可见,美国国会为与行政部门制衡,在审计功能上,设计出非常有力的工具,以监督行政部门使用的每一分钱。其实,国会早在 1920 年就已顺利通过了该法案。当时的美国总统伍德罗·威尔逊原本对该法案也十分赞赏,但由于原案剥夺了总统的任免权,因此威尔逊认为违背"任命权是授给总统的"的规定,退回了全案。但国会对其独立性相当坚持,绝不让步,直到哈定总统上台后才略做修改定案。会计总署在独立性上,经常被质疑游走于行政与立法之间,有脚踏两条船之嫌。但在立法与行政的制衡方面,仍然扮演了重要角色。

会计总署成立初期,对政府机构如何运用经费不发表意见,仅进行合法性审查。但是第一任主计长 McCarl 经常请求国会通过立法改善政府财政管理制度,并一再强调,国会必须充分授权,避免行政或司法部门的压力。McCarl 严格监控国家财政,经常与罗斯福总统就"新政"各方案的效力发生意见分歧,指责很多新政措施是浪费,并与司法部、财政部发生"管辖权冲突"②。

虽然 1921 年哈定总统签署了《预算和会计法案》,但依然不认可会计总署的角色和功能。其后的胡佛和罗斯福总统同样如此。1932 年,胡佛总统试图将会计总署属于行政性质和管理工作的职务移交预算局,认为审计本质上属于总统权下的职能,应由总统管理,但因众议院反对而失败。罗斯福政府时代,参议院根据布鲁金斯研究所的建议,成立了一个特别委员会对行政部门工作的重复性进行研究,结果显示,会计总署和预算局的工作性质相同,建议成立一个

---

① 后来 1939 年的《机构重组法》将预算局从财政部转移到新成立的总统办公厅,更名为"预算管理局"一直到现在。
② 例如,总检察长和主计长根据不同的法源,均有权对法律问题表示意见,但这两个单位的解释经常相互抵触。会计总署也与财政部下属的预算局冲突。例如,1926 年会计总署提议在行政部门内设置一个会计体系,就与财政部及预算局的职掌冲突,引起争议。

专门的审计决算署（Office of Auditing and Settlement）作为取代。所幸国会并不接受，没有采取任何行动。

（二）1921~1945 年美国社会的历史发展

在此阶段，美国经历了空前严重的经济危机、罗斯福"新政"和第二次世界大战，社会生产关系和经济基础发生了局部质变，表现为以下几个方面：

1. "新政式国家垄断资本主义"的形成

1929~1933 年的大萧条，是资本主义进入垄断阶段后基本矛盾和生产无政府状态发展到极端尖锐程度的经济危机。富兰克林·罗斯福临危受命，大力推行新政，开辟出"第三条路线"，即"福利国家"道路。资本主义生产方式内部的生产关系进行了部分调整，以缓和阶级矛盾。罗斯福新政成功挽救并延长了垄断资本主义的生命，但也为后来政府机构的极度膨胀埋下伏笔，是促使绩效审计产生发展的动因之一。

2. 总统及其行政权力的扩张和公众期望的提高

1929~1945 年间，美国政治制度发生显著变化，三权分立的重心出现偏移，总统与行政部门权力开始膨胀。正如许多美国史学家所说，罗斯福是现代美国总统制的创始人。罗伯特·林格在 20 世纪 70 年代末指出，自 1934 年以来联邦官僚机构大约扩大了 500%。

与此同时，公众开始关注并认可政府在社会公共管理中的重要作用，政府威信逐步提升。美国著名历史学家洛克滕堡说，"对许多美国人而言，联邦政府第一次成为可以直接感受到的机关。它是救济费的来源；它直接向他们收费作为养老金之用；甚至给他们上学的儿童供应热午餐。随着国家由中立仲裁人变为社会福利强有力的促进者，人民对华盛顿事务感到从来不曾有过的兴趣。"[①]

3. 凯恩斯主义的影响和财政赤字的激增

凯恩斯主义产生于英国，来自于凯恩斯《就业、利息和货币通论》中提出的"有效需求"理论，很大程度上影响了 1930~1940 年美国的经济政策。罗斯福政府始终以增加政府部门预算支出的方式，来带动社会有效需求、提高社会生产力、促进就业和增加福利供给。1941 年美国正式宣战以后，用于战争的预算开支进一步增加。1941~1945 年财政年度，联邦政府的预算支出总计约 3176 亿美元，其中 88.6% 的预算是直接用于战争的，这是第一次世界大战时期直接

---

① 威廉·道格拉斯：《作为一个美国人》，纽约出版社，1948 年，第 83 页。

战争经费的 8 倍。而这笔规模巨大的战争经费主要来自于税收和发行公债。税收占 44%，借款占 56%。

4. 国会自身的改革

1946 年通过的《国会改革法》，首次将监督政府工作作为国会的职责之一。该法案规定，为了帮助国会更好地评估法律的施行情况，更有效地拟定相关的议案和法律，参议院、众议院各常设委员会应该协助国会的工作，对各政府部门和机构工作的合法性、合规性进行监管。随着国会议程种类和数量的大大增加，工作人员队伍日益扩大，国会对信息的要求，必将发生数量和质量的改变。

（三）预算局地位的提升

罗斯福是美国历史上最强势的总统之一。1933～1943 年，国会通过的重大法案，几乎都不是国会发起的。曾有历史学家评论说，"罗斯福很快就使自己扮演着议长的角色"①。

1938 年，美国颁布了《执法重组法案》，实施总统执法机构的一体化控制。根据《重组法》，预算局从财政部分离，转移到总统办公厅，由最初一个仅关注管理改进的部门下属单位转变为纵观项目全局的政府机构。重新明确了职责：协助总统编制预算；对预算管理进行监督和控制；研究行政管理和预算计划改进的方法；协助总统提高政府各部门的工作效率；协助总统掌握政府部门的工作开展情况等。

预算局（BOB）在 1970 年改组，更名为预算管理局（Office of Management and Budget，OMB）。

（四）合规审计的实施

从 1921 年直至 1945 年，会计总署检查的重点主要是财政支出的合法性，被称之为发票检查时代。采用详查法对财政资金的支出进行检查，而不采用抽查法，所有会计凭证都在会计总署的检查范围内。全部工作在会计总署内部进行，政府部门不得不将财务资料送到华盛顿。第一任主计长 McCarl 在 1926 年的年度报告中指出，"确认任何一笔开支或收入是否符合法律，就是会计总署的主要任务"②。

大部分的凭单检查都是事后审计，部门付款官员在支出发生以后才将发票

---

① 乔治·H. 斯考：《富兰克林罗斯福与总统权力的扩张》，载于《美国历史研究资料》1981 年第 1 期。
② GAO：GAO History - The Voucher Checking Era, 1921 - 1945, http://www.gao.gov/about/history/gaohistory_1921 - 1936.html。

交给会计总署。但 McCarl 更倾向于事前审计，会计总署能够检查拟开支的凭单确认支付金额，使付款官员没有任何疑虑地工作，而且有助于保留发票。尽管这种方式比事后审计更加经济、高效，却需要更多的人手。因此，只进行了选择性的事前审计，并在 McCarl 离职以后放弃了。

会计总署的其他工作包括接收政府的已付款支票，编制存款账户余额调节表，发表有关付款问题的意见，帮助处理与政府相关的财务索赔或回收，建立会计表格与处理系统等。

罗斯福总统执政期间，为应对大萧条，大量的联邦资金投入新政恢复和福利项目，会计总署的工作量在 20 世纪 30 年代大幅上升。战争期间，会计总署还要检查国防合同、审计陆军、海军部门的付款账目。由于政府需要运送军队所需物资，因此有大量的运输凭证需要审计。法律允许联邦政府直接支付运输费用，无需审查金额是否正确。因此，就由会计总署承担起检查已付款单据的工作，要求承运商退回差额。

截至 1921 年会计总署职员约有 1700 人，律师和会计占绝大部分。到了 1939 年，数量已经接近 5000 人。而二战期间，会计总署职员达到 1.4 万人，可依然不能满足大量的发票审计需求，1945 年会计总署的年度报告显示，累计约 3500 万张发票没有审计。1947 年的报告记录，会计总署调整了 4.9 亿张支票，审计了 9.2 万份会计账目，500 万张运输发票，150 万份合约以及 2.6 亿张邮寄定单。

二、美国财政预算的财务审计时期

1945~1981 年，在国会和 Warren（1940~1954）、Campbell（1955~1965）、Statts（1966~1981）三任主计长的长期坚持下，会计总署的定位及职责有了质的转变。除了原有的合规审计，还将财务审计纳入了审计范畴，开始选取个别项目对其绩效进行审计，逐渐发展成为由国会领导、为国会服务的专业审计机构，其独立性也不再遭受质疑，推动了绩效审计的发展。

（一）美国社会的历史发展（1945~1981 年）

第二次世界大战以后，杜鲁门政府试图以"公平施政"的名义，继续发展新政式国家垄断资本主义，但收效甚微。此后参与朝鲜战争和越南战争，大量派遣驻军，修建军事基地等军事行为以及对落后国家的经济支援，令美国不堪重负。至 20 世纪 60 年代，艾森豪威尔政府对新政式国家垄断资本主义的打压，使美国经济进入缓慢增长时期,种族歧视、贫富差距等社会问题逐渐引起重视。60年代的肯尼迪和约翰逊两个民主党政府,继续发展"新政"和"公平施政",将"新边疆"和"伟大社会"作为其施政纲领,国家垄断资本主义的发展达到巅峰。

虽然能够暂时避免垄断资本主义带来的经济危机,但随之而来的是过高的财政赤字引发的通货膨胀。同时生产社会化与生产资料私有化的矛盾不能消除,无法克服的生产过剩危机以及生产停滞危机,共同引起了新型经济危机——滞胀。20世纪70年代中期,由于原油价格上涨带来的西方能源危机加剧了经济危机,滞胀危机殃及了美国及整个西方资本主义世界。尼克松和福特领导的共和党政府,以及卡特领导的民主党政府,都深陷滞胀危机之中。

美国的社会结构和上层建筑在这一时期发生了巨大的改变。从人口机构看,"二战"后到20世纪50年代末,美国出生率大幅提升,这就是著名的婴儿潮现象。60年代中期以后,美国人口增长率的下降,使得老龄化现象日益凸显。从60年代初起,移民构成、非白人比例迅速增加。在产业结构方面,二战后美国服务业迅速发展,这主要是由于第三次科技革命带来了社会、经济、文化的变革以及工业经济逐渐发展为信息经济、知识经济。

从上层建筑来看,战后美国政治制度的变化主要表现为:在权力的纵向分立方面,以20世纪70年代为分界点,在这之前联邦政府掌握的权力越来越大,在这之后,各个州的权力逐渐变大;在权力的横向分立方面,三权分立仍是基本的政权架构,但在处理经济、立法等事务方面赋予了总统更多的权力,甚至有了"帝王式总统"之称,但从尼克松特别是里根政府以来,大政府有逐渐向小政府转变的倾向。美国立法机关经过多次改组和调整,国会委员会制度逐渐向现代化、专业化的方向发展。20世纪60年代中期以来,美国两党制的政党制度渐趋衰退,而各大利益集团则逐渐登上政治舞台。70年代,因"水门事件"、预算截流等问题的影响,国会与行政部门的矛盾相当尖锐。

(二)财务审计的转型(1945~1954年)

经过长时间物色人选,罗斯福总统于1939年任命参议员Fred Brown接替McCarl。但是,由于身体原因,Brown不得不在一年后辞职。1940年,与McCarl同样出身国会的Lindsay Warren成为第二任主计长,以前是众议院多数党领袖。任职期间,他一直同国会保持良好关系,改变工作方法以提高效果,努力使会计总署成为一个更加有用的机构。

Warren 坚信，只有改变工作方法才能最好地为国家服务。1945 年《联邦公司控制法案》和 1950 年《预算和会计程序法案》为这种转型提供了契机。

1. 1945 年《联邦公司控制法案》

经过罗斯福新政和第二次世界大战，到了 1945 年 3 月，美国共有国营公司 58 家，资产约 30 亿美元，普遍缺乏财务控制并且效率低下。国会感到他们正在脱离立法机构和预算拨款的控制，于是出台了《联邦公司控制法案》（Government Corporation Control Act）。该法案规定，无论是政府全资公司还是合资公司，"会计总署应以一般商业公司采用的准则和程序为依据，按照主计长颁布的规则对所有政府资金投入期间的财务活动进行审计。除此之外，主计长有责任在审计实施财政年度结束后的 1 月 15 日前，向国会提交审计报告。审计报告后附反映资产、负债、资本和结余（或赤字）的报表、收入和费用表、资金来源与运用表等。在审计报告中，主计长还应当反映审计过程中识别出的违反法规行为等。除国会之外，会计总署还应同时将审计报告呈报给总统、财政部长和被审计单位。

进行此类审计时，主计长有权雇用 10 名以下的员工，可以通过合同临时获取外部公司或组织的专业性服务。

2. 1950 年《预算和会计程序法案》

继 1921 年的《预算和会计法案》之后，《预算和会计程序法案》（Budget and Accounting Procedures Act of 1950），是预算和会计领域中最重要的立法，正式确立了综合审计（即财务审计）的法律地位[①]。

（1）法案第二部分"会计和审计"的主要目标。

政府会计应当充分反映财务活动的成果，旨在为收入、支出、资金、财产和其他资产实施有效控制提供必要的财务信息。

制定会计和报告制度时应充分考虑立法部门和行政部门的需求与责任。

为行政机构的运营维护会计系统、提供财务报告，包括将信息集中以反映整个政府的财务活动成果，是行政部门的责任。

由作为国会代理机构的美国会计总署对政府进行的审计，确定会计和相关财务报告是否完成了指定目标，财务活动是否符合法律、法规及其他法定要求，

---

① 《预算和会计程序法案》于 1956 年被修订，要求联邦政府实行以成本为基础的预算，并且再次重申 1950 年至 1952 年会计总署提出的机构会计标准和原则。1956 年以后，总的来说，会计总署的注意力由帮助行政部门建立会计系统转移到审批会计系统。审查程序分为三个部分：批准原则和标准、批准系统设计、批准操作系统。Staats 担任主计长以后，会计总署又从审批会计系统转变为评估会计系统。

是否针对业务活动建立了充分的内部财务控制，是否为责任官员账户的结清提供了有效依据。

美国主计长、财务部长和预算局局长应当共同持续实施一项旨在改善政府会计与财务报告的项目。

（2）会计总署在会计和报告方面的责任。

在就会计、财务报告和预算需求咨询财政部长、预算局局长，并考虑其他执行机构的需求之后，美国主计长应当制定各行政机构需要遵循的会计准则、标准和要求，包括各行政机构会计处理与财政部会计处理适当衔接的要求。目的在于保证行政机构建立、维护会计与内部控制制度，为政府会计的整合提供依据，充分披露各行政机构及整个政府财务活动的成果，使得国会和总统能够获取履行责任所必需的财务信息和控制。

会计总署应当与财政部等行政机构合作，共同制定和建立中央会计和报告制度。如果主计长认为该会计制度是适当的，并符合其颁布的原则、标准及相关要求，则应予以批准。这些会计制度必须得到主计长的批准。

会计总署应对行政机构的会计制度进行不定期检查。检查结果应向相关行政机构的负责人、财政部长和预算管理局局长公布，并且在主计长认为合适时向国会公布。

（3）行政机构负责人与财政部长在会计和报告方面的责任。

各行政机构负责人，应建立并维护会计和内部控制制度，以确保：充分披露机构活动的财务成果；为机构的管理部门提供必要的财务信息；对机构负责的所有资金、财产和其他资产建立有效的控制和责任，包括适当的内部审计；为编制和审批机构的预算申请、针对预算执行实施控制提供可靠的会计资料，并向预算局提供所要求的财务信息；为机构会计与财政部会计之间，就财政部的中央会计和报告责任建立适当的联系。

财政部长，应编制报告向总统、国会和公众反映政府的财务活动成果。有权管理并重组会计职能，设置、修改或删除财政部的会计程序和财务报告，建立更为有效和协调的会计与财务报告制度。中央会计和报告制度应符合主计长规定的原则、标准和相关要求。

如果财政部长和主计长认为，修改现行程序可以为简化、改善、节约以及更好地管理公共资金并提供充分的安全保障，可以联合颁布条例改革。

如果主计长认为，行政、立法和司法机构的会计制度和内部控制足以使其对相关账户履行适当职能时，有权决定不在会计总署保留有关拨款、支出、限制、收入和个人的分类账户。

（4）审计规定。

除非法律有明确规定，每个行政、立法和司法机构的财务活动，包括但不限于责任官员的账户，应当接受会计总署按照主计长颁布的规则中确定的原则、程序实施的审计。

3. 财务审计的实施

应法案要求，Warren 于 1945 年特别成立公司审计部，任命来自会计师事务所的 T. Coleman Andrews 为负责人，开始从外部聘请注册会计师对国营公司进行年报审计。

1949 年 10 月，Warren 宣布"综合审计"计划，旨在：确定行政机关是否按照国会的要求执行项目和活动；确定资源是否被有效控制和运用；确定行政机关的税收及财务报告是否合法；确定支出是否符合法律授权；确定行政机关提交给国会的报告，是否清楚揭示活动的性质与范围，并提供评价工作的评估基础。

公司审计部的工作预示着会计总署整体自 1950 年开始向财务审计转型。不仅要检查公共资金运用的合法性，还要检查使用效率，以及相关会计制度和内部控制系统的适当性。发票审查的责任交由执行机构自己承担，会计总署的重点则是规定会计原则、现场审计、检查各部门的财务管理和内部控制。

财务审计的转变是会计总署财政预算审计监督发展历史的一个转折点。总署开始削减发票审计工作人员，并从外部聘请会计师。1947 年，员工总数从高峰时的 14904 减少 4000。1951 年，总人数少于 7000，不及 1946 年的一半。有些是因为战争期间的临时性聘用而离开，有些则是因为人员裁减。原来邮政账目部的 779 名员工，随部门一起转回政府机构，只保留了很少的人员继续审查运输费用，直到 1975 年全部取消。

财务审计的转变给会计总署的人员、组织以及工作流程带来巨大变化。有些变化是困难的、痛苦的，引发了内部广泛争议。例如，1950 年，取消了原来的会计账目部，因为原有工作已经终止。

应主计长的要求，公司审计部的一位官员 Ted B. Westfall，针对会计总署的管理和组织方式，进行了一系列调查研究。1952 年，Warren 根据 Westfall 的建议，进行了以下重大变革。

首先，大幅度缩减会计总署组织，实现人员精简。将原来的审计部、公司审计部、邮政账目部、关税调解部4个分支机构合并，任命Westfall为新成立的审计部负责人，将人员减少400。

其次，废除1942年设立的6个分区，在助理主计长领导下建立23个区域办公室，建立遍布美国的区域办公室网络。

最后，1952年首次在巴黎设立第一个海外办公室，之后陆续进行。

随着财务审计的开展，会计总署开始制定工作指南。1952年发布了第一份综合审计手册（Comprehensive Audit Manual，CAM）。20世纪50年代早期，总署公布报告手册（Report Manual），描述如何总结和编写审计报告，1989年被沟通手册（Communication Manual）取代。

由于健康原因，Warren于1945年提前离任。他使会计总署从一个无秩序、士气低落的机构改变为一个高效运转的机构，并且让"综合审计""现场审计""联合会计项目"等观念被国会接受和认可。华盛顿一份报纸曾这样评价："很多人认为，应当给他一条蓝色授带，他是最好的守夜人。"①

（三）经济性与效率性审计的发展（1955~1965年）

Warren之后的Joseph Campbell，是第一位成为主计长的注册会计师，打破了出身国会的传统。由于在原子能委员会任职期间，卷入艾森豪威尔提议的Dixon-Yates项目，与国会关系不好。他的任命案曾遭到国会反对，艾森豪威尔运用休会任命，提前让他在1954年接任，但直至1955年国会才正式批准。Campbell时期的审计工作是Warren财务审计方法的延续，仍然以合法性监督为主，但开始关注政府资金使用的经济性和效率性。

1. 会计总署第一次大规模重组

在任职初期，由于会计总署的角色再次引起争议，国会也表示怀疑，Campbell不得不在1955~1963年期间再次对会计总署进行大规模重组。废除了会计系统部、审计部和调查办公室，将调查办公室的工作转移给总署的地方机构，新成立了国防会计和审计部、文职会计和审计部、会计审计政策幕僚组以负责发展会计原则和规范，领导行政机构，并建立总署的会计、审计和调查政策。进一步创建外勤业务部，为各区域办公室提供工作指导，每年和地方负责人定期开会，商议正在进行中的工作。最后还特别成立了立法联络办公室、人事管

---

① 在西方的传统中，蓝色授带是最高荣誉的象征，通常与卓越功勋相关联。

理办公室和国际部。

组织的重组只是手段，Campbell 希望实现以下目标：消除一些审计功能相同的机构，避免事权冲突的纠纷；促使会计总署与国会之间进行更为及时有效的沟通；强调国防审计的重要性，尤其是国防契约审计；扩大财务审计的适用范围。

2. 审计人员的专业化培养

Campbell 任职期间，会计总署人员的专业化培养是影响最深远的一项措施。

虽然 1946 年公司审计部设立时就已经开始招募专业会计师，但真正大规模的专业化发展是从 Campbell 上任后开始的。1955 年，任命 Leo Herbert，一位会计学教授和注册会计师，领导人事管理办公室，效仿典型的会计师事务所。制订专业化培养方案，着重以下三个方面：

第一，招募。进一步发展财务审计的概念，继续 Warren 时期的招募计划。为与私人事务所竞争，会计总署与大学会计系领导和教授联系，从校园直接招募优秀的会计专业本科生。到 1965 年，一半以上都是大学毕业生。

第二，训练。1956~1974 年期间，Herbert 推行一个规模宏大的训练项目，灌输"计划、执行以及复核"的概念框架，同时强调"标准、原因与结果"。在充分理解项目或者活动目标的基础上，将实际情况与标准进行对比。

第三，轮换。帮助人员熟悉会计总署各方面工作及其环境。通常是同一部门内部的轮换，新进人员第一年也会在不同部门之间轮换。

此外，Herbert 还注重培养人员的忠诚性，鼓励他们终身为会计总署服务。许多人认为这种"从摇篮到坟墓"的培养哲学对于实现组织目标而言非常重要，避免频繁的人员流动带来的负面影响。

主计长 Campbell 特别强调独立性，禁止人员加入外部职业组织，例如联邦政府会计师协会，也不鼓励与联邦机构职员有过多的社会交往。事实上，Campbell 对联合财务管理完善项目并不感兴趣，认为会损害独立性，因此，在其任期内，总署和财政部、预算管理局之间的合作减少。

3. 1965 年 Holifield 听证会

第二次世界大战以后，美国登上资本主义世界霸主宝座、进行全球扩张并和苏联进行冷战。军费开支大幅增长，随之而来的，是国会对国防部欠缺预算成本效益的密切关注。会计总署经济性、效率性审计的重点，放在对国防契约的审查上。当 20 世纪 60 年代美军前往越南战场时，会计总署立即在西贡成立了

30人的常设办事处，就地监督。工作范围不仅介入战争行为，还扩张到人员供应、物资补给，甚至包括难民问题。1963年，美国一家报纸提道："华盛顿现在有一个笑话，国防部长罗伯特·麦克纳马拉不怕赫鲁晓夫，怕 Campbell"①。

1962年，国会通过《诚实谈判法案》（Truth – in – Negotiation Act），进一步扩张了会计总署的国防审计权限。但是，随着财务审计方法的运用以及经济性、效率性审计的增加，问题和冲突逐渐浮现。

会计总署在进行国防契约审计时编制了大量报告，有时若干份报告重复指出某一份契约中的相同问题。措辞较为严厉，如"不经济使用""过分采购""过高报价""多余的成本""不合法的使用"等。另外，经常指明道姓地批评，要求承包商自动退款。这种较激进的做法引发国防部以及国防承包商的强烈不满。1965年间，经众议院政府运作委员会授权，国会议员 Chet Holifield 主持召开了一系列听证会议。很多证人纷纷攻击和指责国防契约审计，给总署施加巨大的压力。由于当时的代理主计长 Frank Weitzel 随即承认了错误并提出相应的修正措施，委员会的最终报告并没有严厉批评会计总署，而是主要描述了听证会以后会计总署审计政策和程序的变化和进步。主要包括：①将进行更广泛的研究，侧重于调查问题产生的原因，而不是仅仅公开问题。因此，报告数量将减少，但内容更全面；②将强调针对未来提出建设性修正意见，而不是指出过去的错误；③将更加谨慎地保护机密商业信息，只有高层管理者仔细检查后才能报告这些信息；④将不再直接说出违规官员的姓名和职位，也不再报告中提出处理意见；⑤将不在报告中提及把案件移送司法部门处理；⑥报告的名称应使用建设性措辞，避免争议性。

该事件给会计总署及其经济效率审计以重大打击，Campbell 于1965年提前退休，总署也不再积极开展相关审计。国会特别设立了国防契约审计处（Defense Contract Audit Agency），接手国防契约审计②。

Campbell 在任职期内发展了会计总署的组织和功能。除延续财务审计思路外，进行了创新，开始关注资金使用的经济性、效率性以及项目目标的实现。传统的发票审计逐渐消失，无论是军事还是非军事领域都有了长足的发展，审计触角开始向国际地区延伸。自1956年开始实施新的人才培养计划，吸收大量

---

① GAO：GAO History – Joseph Campbell：Economy and Efficiency Audits，1954 – 1965，http：//www.gao.gov/about/history/gaohist_1954 – 1965.htm。
② Statts 就任以后，会计总署重新恢复了国防契约审计，这体现出财政预算审计监督系统演进的迂回性。

专业会计师,向专业化组织转型。

(四)项目绩效评估方向的确立(1966~1981年)

1966年,里根总统任命Elmer B. Staats为新一任主计长。Staats对美国政府财政预算审计监督的发展,居功至伟。他不仅是一位相当有名的经济学家,还是一位经验丰富的行政人员,曾担任预算局副局长,长达30年。这些经历使他对会计与审计之间的联系与区别有着深刻的认识。通过与其他机关的相互合作,强化总署的审计调查能力,更好地服务于国会。同时,将自己在预算局积累的工作经验运用到新职务中,在国内外风云变化的动荡年代,谨慎而坚定地带领着会计总署向以项目评估为手段的绩效审计方向迈进。

1. 项目绩效评估的最早实践

(1)反贫穷项目的评估。

约翰逊政府时期,社会福利开支急剧上升,国会需要更多信息以了解政府项目是否达到目标。针对1964年《经济机会法案》修正案,共和党参议员温斯顿·普劳蒂首次提出对项目效果进行评估。他认为会计总署应当对"反贫穷项目"进行调查,以审查经济机会局(Office of Economic Opportunity)的财政预算管理制度的合理性、财务信息的真实性以及管理活动的效率性。

普劳蒂修正案的要求是会计总署遇到的最复杂、最全面、也是最困难的工作。主计长Statts亲自参与,专门从文职事务处和各地方办公室抽调250位审计人员,全部成本高达数百万美元,史无前例。检查了所有授权使用经费的反贫穷项目,获取了其他类似项目的数据,进行参照和比较。从外部聘请了三家事务所,审查经济机会局及其他部门自我分析的适当性,对这些部门的信息系统进行复核。首次在审计临近尾声之际,建立了"主计长咨询小组",吸收学术界、私人企业界以及政府部门专业人员,开会讨论工作情况,独立地复核审计方法、结论以及建议的适当性。后来,会计总署延续了这种做法,不断汲取经验总结教训,实现自我提升。

1969年3月,会计总署上交了一份总结报告,并附送60多份辅助报告。结果表明,部分项目有进展但需要加强管理,部分项目仅获得有限的成功,而另一些项目根本没有取得预期效果。尽管反贫穷项目计划已经实施四年,但管理机制需要重大革新。审计报告受到了普遍欢迎。

国会对会计总署的表现是满意的。1969年,政府运作委员会的听证会,就会计总署作为国会信息来源的潜在能力进行了广泛讨论,提出会计总署未来应当加大项目效果评估的范围和力度。随后，出台了 1970 年《立法机关重组法案》和 1974 年《国会预算与截流控制法案》，有力支持了总署未来项目评估的方向。

（2）重大武器系统的评估。

Statts 上任以后，为解决 Holifield 听证会引发的对会计总署角色扮演的争议，开始调整国防契约审计事务。他选择积极推行《诚实谈判法案》，如果政府与承包商根据诚信原则谈判，且在交易过程中提供确切的资料，将不会产生过度报价问题。会计总署不再审核单项合同的报价，将其交给行政部门自己完成，工作重心放在对采购过程和制度的检查上。

这种工作思路的效果是显著的。很快，国防部完成了季度选择性采购报告系统（Quarterly Selected Acquisition Report System，SARS）的构建，并于 1968 年 2 月起施行。随后，会计总署在 1969 年 7 月成立了一个新的工作小组，专门复核 SARS 下一些重要采购交易及相关承包商的情况。1970 年 2 月，会计总署成功发布了第一份针对重大武器系统成本、计划以及运行情况的报告。

好的开端是成功的一半。上述两项目的圆满完成，为总署开展以评估为手段的绩效审计奠定了良好基础。

2. 项目绩效评估的法律保障

1970 年《立法机关重组法案》（Legislative Reorganization Act of 1970），首次认可了会计总署的项目评估工作。第 204 条规定：当国会或其委员会或议员主动要求时，主计长应当检查并分析现行法律下正在执行的政府项目与活动的结果，包含成本效益的研究。将调查结果分别呈送参众两院的"拨款和政府运作委员会"，并将每月的调查结果清单公布给国会所有委员会或议员。

1974 年《国会预算与截流控制法案》（Congressional Budget and Impoundment Control Act of 1974）进一步扩大了"项目评估"范围。

3. 项目绩效评估的配套管理

为顺利开展以项目评估为手段的绩效审计，美国会计总署积极参与政府管理，帮助政府履行公共受托责任。恢复了联合财务管理改善项目，帮助政府建立会计系统，并与 1978 年《总监察长法案》下的总监察长办公室密切合作。

（1）联合财务管理改善项目和政府会计系统。

Statts 重新启动了 Campell 时期停滞的联合财务管理改善项目，高度评价其对联邦会计、审计、预算和财务管理的改善作用。1966 年，他和财政部以及预算管理局的重要官员商谈，如何恢复该项目。约翰逊总统公开表示支持，并要求各机构负责人相互合作。1969年，项目下的决策委员会任命一位行政秘书，专门负责监督每天的工作，并与行政部门保持联络，提示工作重点，可见各机构对此都非常重视。

1969年10月，Statts指出，会计总署不再仅仅审批政府机构的会计系统，而要付出较多的力量从事系统评估。为实现这个目标，会计总署的"政策及特别研究办公室"（Office of Policy and Special Studies）开始制定会计制度的原则和标准，并与行政机关合作，共同研发一套体系，设计合乎会计原则和标准的报告格式，建立会计体系的准则。可见，会计与审计两个体系的良性运作和互动是会计总署有关政府会计系统改革的基本理念。

（2）1978年《总监察长法案》。

总监察长办公室设置在各联邦政府部门内部，旨在：通过集中和强化行政机构独立客观的审计和调查活动，促进节约、效率和有效性，预防和发现贪污和滥用职权；保持信息沟通并协调纠正行动。特别保障总监察长的独立性、权威性和综合性。除非总统向众议院和参议院报告原因，总监察长不能被总统罢免。

这种任命根据候选人在会计审计领域的胜任能力，以及法律、项目评估、公共管理、沟通等方面的综合能力而确定，无关党派等政治因素的影响。总监察长需要向部门首脑和国会同时汇报其工作结果；阶段报告必须先递交给部门首长，再转交给国会下属相关委员会。此外，总监察长的报告都要上传网站向社会公开。

为确保监督目标的实现，总监察长的职责主要有两个：一是审计，包括财务审计和绩效审计；二是调查。接受举报，不论事项大小，展开深入详细的调查，确认事实真相并提出改进建议。

另外，联邦总监察长必须采用1972年黄皮书的标准，保证内外部审计之间的衔接和一致性。

会计总署特别重视与总监察长之间的合作，不断检查其内部审计活动，提出改进意见。著名的国家审计学者Mansfield指出，"种种迹象表明，美国会计总署把大部分常规审计移交给政府职能部门和财政部，将政府职员忠诚与否的监督移交给新建立的部门总监察长。该署自己的主要精力将放在与其他部门，针对财务报告、分析和控制系统的改进上"[①]。

---

① 刘素梅：《论美国行政内向监督及其对我国的启示》，载于《扬州大学学报》2006年第3期。

4. 组织管理体系的改革

(1) 审计人员的多样化转变。

1966~1981 年期间，专业化发展方向仍然继续，同时，开始出现多样化的发展趋势。在 1960 年初期，会计总署的专业人才几乎都以会计工作的背景为主要挑选对象，但是从 1967 年开始，进行专长多样化的转变，效果非常明显。1980 年会计总署人员构成如表 2-1 所示。

表 2-1　　　　　1980 年会计总署的人员专业结构　　　　　单位：人

专业人员	
评估人员	3185
管理分析员	163
会计人员和审计人员	150
项目分析员	15
律师	165
精算师和数学专家	64
工程师	11
计算机信息专家	60
经济专家和其他社会学专家	78
人力资源专家	63
编辑人员	53
其他	158
专业人员总和	4165
其他人员	
行政管理人员和文秘	976
工资委员会	52
其他人员总和	1028
合计	5193

(2) 调查取证权的强化。

1974 年《会计总署法案》规定，将运输发票审计全部移交出去，减少国营企业和其他事项的审计工作。1980 年《会计总署法案》特别增加了会计总署取得记录的强制性权力。例如，如果不能在合理时间内接近任何部门或机构的账目、文件、记录等，主计长有权要求其在收到书面请求后 20 日内做出反馈，如果仍不提供，主计长可以向总统、预算管理局局长、有关部门的总监察长和负责人，以及参众两院院长分别提交书面报告；主计长还可以通过传票要求合同商、分合同商等非联邦政府机构和人员提供会计账目、记录和文件，如果拒绝，可通过联邦地方法院向其个人或单位发出取证决议，再拒绝则视为藐视法庭处理。

（3）审计独立性的维护。

1971 年和 1972 年的两个法案影响到会计总署的独立性和工作性质。1971 年《总统选举竞选基金法》提供了一个政治捐款的赋税方式，纳税人可以在所交税款中提出一元钱作为竞选基金，而主计长必须就总统和副总统对这笔款项的开支进行审计。1972 年施行的《联邦选举竞选法》则要求会计总署对候选人的支出和政治献金，甚至经费的使用进行审计。会计总署强烈反对，认为可能承受巨大的政治压力，损害独立性。但是立法最终还是通过了，迫使会计总署不得不成立一个"联邦选举办公室"，主要的工作是 1972 年的总统大选。所幸 1972 年国会自己成立了一个新的"联邦选举委员会"，1975 年以后总署不再参与。

1980 年单独颁布了《会计总署人事法案》（GAO Personnel Act of 1980）。一是因为会计总署对行政机关的审计可能产生利益冲突，二是因为 1978 年《文官改革法》（Civil Service Reform Act of 1978）中，会计总署被排除在外。法案规定，"主计长应为会计总署成立一套人事管理制度……，不得因员工提出的建议或修改意见而对其个人实施报复恐吓"。招聘、薪酬、考核、晋升等全部问题，均由会计总署独立决策，行政部门甚至国会不得干预，进一步确保了会计总署的独立性。

三、美国财政预算的绩效审计时期

1981 年 Statts 任期届满，根据 1980 年《会计总署法案》中新的主计长提名程序，里根总统从国会推荐的 8 位候选人中，任命 Charles A. Bowsher 继任主计长，国会同意通过。Bowsher 和现任主计长 Walker[①] 继续 20 世纪 60 年代和 70 年代确立的新工作方向，带领会计总署进入一个完全以评估为手段、以结果为导

---

① Walker 是历任主计长中最年轻的一位，是克林顿总统于 1998 年 10 月 5 日提名，同年 11 月 9 日就职。之前是安达信的合伙人，负责全球人力资源管理，还担任过政府退休金及社会福利部的助理秘书，有着丰富的私人领域以及公共领域的工作经验。

向的审计时代。绩效审计成为当前审计的工作重点,其工作量已经达到所有审计工作量的 85%。绩效审计已经逐渐发展成为对政府公共受托责任、风险管理和综合治理进行评价的有效手段,是国会对行政部门工作情况进行评价和监督,进行政策实施效果分析的重要手段。

(一) 1981 年至今美国社会的历史发展

20 世纪 80 年代,美国垄断资产阶级、特别是占美国人口大多数的中产阶级开始反对"新政""伟大社会""福利国家"等自由主义改革。1981 年,具有保守理念的罗纳德·里根正式执政。他极力推崇在"需求理论"失败后兴起的供应学派和主张单一货币政策的货币主义,反对新政式的政府对经济全面干预,放开政府对经济的管制,采用大幅减少社会福利、非营利事业开支等手段,医治生产停滞。虽然紧缩的货币政策降低了通货膨胀,但也因此产生了巨额赤字、大规模联邦负债、高贸易逆差以及贫富不均等问题。1989 年老布什上台,虽然加强了政府对经济的调节作用,但收效甚微,不仅没有解决里根政府遗留下的问题,还增加了失业率,造成经济衰退,导致其在 1992 年竞选中败给克林顿。1993 年民主党人克林顿上任,他执政期间一直致力于振兴处于低谷期的美国经济,奉行新凯恩斯主义,通过对富人征税,减少政府财政支出,进行福利改革等手段增加税收减少支出,降低赤字,并鼓励对外贸易。这些措施取得了非常好的成效。在其任期内,美国经济连续 112 个月增长,创造了历史,带领美国进入了零通胀高就业的"新经济时代"。2000 年,小布什当选美国总统,"9·11 事件"后,反恐、国防成为美国政府关注的焦点,随后发动了阿富汗战争和伊拉克战争,这些军事行动直接导致军费开支的增长,进而使得美国财政预算赤字大幅增加。

(二) 项目评估的快速全面推广

Bowsher,Walker 以及现任主计长 Gene Dodaro 继续 Statts 确立的新工作方向,带领会计总署进入一个完全以评估为手段、以结果为导向的审计时代。特别是 1993 年《政府绩效和成果法案》(Government Performance Results Act of 1993)颁布后,会计总署绩效审计的发展更加迅速。该法案极大地推动了美国及世界范围内的政府绩效改革。它与当时正席卷世界的一场公共部门管理变革运动——"新公共管理运动"相呼应,颠覆了传统的政府部门管理方式,创造性地将绩效预算,评估和审计以法律的形式结合起来,形成了以绩效管理为核心的财政管理制度。会计总署从之前的应国会要求临时开展绩效审计,发展为强制性、常规性的按年度进行绩效审计。

(三) 政府财政预算管理的日趋完善

美国会计总署在发展绩效审计的同时，更加注重配套管理工作，进一步完善政府财政预算管理制度，积极能动地改造审计系统的外部环境。

1. 1982年《联邦管理人员财务诚信法案》

会计总署特别关注会计系统和财政管理改革，与行政部门一起，共同致力于健全政府内部的财政管理结构。

该法案授权会计总署建立政府内部控制标准，要求主管机关对内控标准的实现程度进行年度报告，并授权会计总署予以检查。1983年会计总署发布《内部控制准则》（Standards of Internal Control），指导联邦机构的内控建设。整个20世纪80年代，尽管预算管理局和会计总署共同为推动联邦财政管理规范化而不懈努力，审计、总监察长调查行动发现了许多实质性缺陷，但行政部门依然没有采取足够有效的措施，重大的丑闻继续动摇着社会公众对政府资金管理的信心。1989年会计总署报告的标题表明了这一状况，"'财务诚信法案'，匮乏的控制带来了无效的联邦项目以及数以亿计的损失"[1]。

2. 1990年《美国首席财务官法案》

20世纪90年代美国联邦政府会计取得重大发展。1990年《美国首席财务官法案》（The CFO Act of 1990）的目的在于：在联邦政府各行政部门内设立总监察长负责的联邦财务管理办公室，任命一个首席财务官，提高联邦政府的综合管理与财务管理效果；提高各行政部门会计信息系统、财务管理系统的有效性和可靠性，完善部门内部控制，并且减少舞弊和违规使用资金等行为；保证政府和国会中对项目资金进行管理和评价的部门得到的财务信息具有一致性、可靠性、及时性和完整性。

根据该法案要求，美国财政部、预算管理局和会计总署共同成立联邦会计准则咨询委员会。1999年，该委员会制定的政府会计准则得到了美国注册会计师协会的认可。1992年以后每年3月31日以前，各行政机构负责人必须按照权责发生制编制上一财政年度的整套财务报表，并由总监察长或聘请的外部独立注册会计师审计。主计长检查财务报表审计情况，必要时，将有关检查结果和建议，向国会、预算管理局长以及机构负责人报告。

---

[1] 罗伊·T. 梅耶斯等：《公共预算经典——面向绩效的新发展》，上海财经大学出版社，2005年，第51页。

3. 1994 年《政府管理改革法案》

1994 年《政府管理改革法案》(Government Management Reform Act of 1994, GMRA) 奠定了联邦政府现代会计与审计制度的基石。根据该法案,美国财政部每年会同 OMB 编制联邦政府合并财务报表,由会计总署审计。

该法案要求会计总署从 1997 年起必须对财政部、OMB 编写的联邦政府的财务报告进行审计。但是从 1997 年到 2004 年 8 年间,会计总署对联邦政府财务报告进行审计后所发表的审计报告意见均为"无法表示意见"(Disclaimer of Opinion)。例如,审计报告指出,"政府的会计系统和财务报告程序有明显的重大缺陷,这使得我们无法向国会以及所有美国公民发表美国政府合并财务报表是否公允反映其内在财务情况的意见"。此外,审计报告还对政府的财务报告工作进行了批评,指出美国联邦政府的会计信息系统、财务报告程序等众多方面有重大缺陷,限制了美国政府提供与一部分核心资产,负债以及成本有关的财务信息的能力;使政府无法准确计算项目成本和业绩,不能对其实施的项目进行高效的管理,重要资产进行有效保护;极大地影响了政府收集,记录和输出财务信息的能力。

虽然,在审计中发现了许多问题。但是,这仍是一次前所未有的突破性举措,将联邦政府与商业企业,地方政府同等对待,让其发布能够公允反映其经济情况的财务报告并对报告的可靠性进行审计,这也是美国国家审计走向规范化道路的首次尝试。

4. 1996 年《加强联邦财务管理法案》

为提高以权责发生制为基础编制的财务报表质量,美国出台了 1996 年《加强联邦财务管理法案》(Federal Financial Management Improvement Act of 1996)。联邦财务管理系统准则、美国政府总账户准则以及联邦会计准则,是政府部门据以进行财务管理的标准。

为了各部门能够达到《加强联邦财务管理法案》的要求,更好地建立财务管理系统,会计总署制定并发布了 10 本准则指南手册,对可能出现和需要引起重视的项目做了详尽的提示。该系列中,会计总署采用是/否的方式就各部门需要引起重视的项目进行说明,例如工资处理系统、差旅费管理系统、成本核算系统等。

第二节　美国财政预算审计监督系统的内部一体化协作

目前美国的财政预算审计监督机构包括：独立的国家审计机构——会计总署①，政府部门的内部审计机构——总监察长办公室，以及外部审计师。三者共同作用、相互协作，形成了独立、高效的审计监督体系。为了应对经济危机，2009 年国会通过了包含 7870 亿美元经济救助计划的《经济复苏与再投资法案》。本部分从历史发展的横向视角，以该法案的实施为例，探讨现阶段美国财政预算审计监督系统内部，多元监督主体之间的协调配合及良性互动。

一、美国财政资金的多元审计监督主体

（一）会计总署

该机构于 1921 年成立，由国会垂直领导且提供资金支持。会计总署的建立，是美国财政预算审计监督体系的起点，因此其发展最为成熟，是审计监督体系中最核心的部分。

会计总署是为国会服务的审计机构，是国会了解政府运行、资金使用情况的重要工具，能够促进联邦政府提高管理水平，更加规范、高效地运行，为美国带来了巨大的社会效益，在国家治理中扮演着重要的监督者角色。

（二）总监察长办公室

为建立科学合理的政府内部审计机构，1978 年《总监察长法案》应运而生。标志着美国初步建立了监察长制度，是财政预算审计监督体系中的重要力量。

所有使用公共资金的部门，不仅是行政机关，也包括立法、司法机关，均设立总监察长办公室（Office of Inspector General，OIG）。总监察长对部长和国会负责，定期向部长和国会报告工作。总监察长的主要职责是内部审计和对违法活动进行调查，拥有独立的资金来源和人事管理权力，因此独立性很强。除合规性审查外，还需要对政府工作的经济性、效率性和效果性进行独立客观的

---

① 美国会计总署在 2004 年更名为政府责任总署（Government Accountability Office，GAO）。为保持全文称谓的一致性，依然沿用"会计总署"的名称。

评估,以防止和发现财务舞弊滥用行为。

(三) 注册会计师

为了促进审计资源的有效利用,扩大财政资金的审计监督范围。1984 年美国颁布了《单一审计法案》。所有接受联邦政府拨款的州、地方政府和组织,必须由注册会计师(Certified Public Accountants,CPA)对其接受的援助资金进行单一审计,这是 CPA 被纳入财政预算审计监督体系的标志性立法,使得美国审计监督体系更加完善。

注册会计师单一审计监督的对象是审计年度内使用联邦拨款资金超过 50 万美元的州、地方政府和组织。CPA 需要依据政府审计准则以及 A - 133 号指南对其援助资金使用的合规性、有效性进行审计,在财政年度结束 9 个月内完成并提交报告给联邦审计信息交换系统。

二、经济复苏与再投资法案的监督要求

(一) 经济复苏与再投资法案的目标要求

2009 年美国通过了经济复苏与再投资法案(American Recovery and Reinvestment Act,简称"ARRA 法案"),旨在应对金融危机带来的负面影响,其中包括了 7870 亿美元的预算资金方案,试图通过加大基础设施等财政支出来振兴美国经济。

为确保实现法案目标,ARRA 法案特别强调,要加大对公共资金支出的透明度和问责的监督力度。"问责和透明"作为单独的一节被加入到法案中,主要有五个方面的规定:一是担保。州长、市长以及其他政府负责人必须保证,认真复核基础设施建设的投资支出,并对资金使用的合理性承担责任。二是报告。接受援助的机构应当在每个季末结束 10 天内,向拨付资金的联邦政府提交一份报告,报告中需要对以下内容进行详细的说明:接收的资金总额;接收的资金中已使用的数额;项目或活动的情况,包括名称、基本描述、进度评估、预计可以创造或保留的就业岗位数量;资金的接收方转包项目或活动的具体信息等。每个季末结束后的 45 天以内,在网上公示报告。三是经济咨询专家委员会的报告。该委员会的主席,应定期向参议院拨款委员会和众议院提交报告,报告中需要对资金使用的效果进行深入分析。四是总监察长的调查。总监察长需要对公众提出的、与经济复苏资金的使用相关的质疑进行调查,并在网上公布调查

结果。五是总监察长对记录和人员的取证权。总监察长有权检查全部相关记录、访问所有相关人员。

（二）不同财政审计监督主体的职责分工

1. 会计总署

GAO 必须每两个月检查一次相关资金使用的具体情况，并进行公示；每季度对资金接收方披露的、预计可创造或可保留的就业岗位的数量进行评价，并在资金接收方上报信息后 45 天内得出数据是否可靠的结论；对特定援助项目，如贸易调整援助、新教育激励计划等进行审查；持续监控经济下行对州政府的长期影响。其中，第一项工作最为重要。

2. 总监察长办公室

下拨财政资金的 28 个联邦机构的 OIG 均应实时、持续地检查其所处政府部门的资金管理，具体从六个方面判断资金的使用和管理是否恰当：①资金是否及时、公平合理地划拨；②公众能否清楚地知道资金接收方的身份和资金的具体用途；③资金的使用情况被准确、及时地披露是否会令公众获益；④资金使用是否合法合规，是否有合理的控制措施来预防资金的滥用；⑤经济复苏项目是否能够规避不合理的延误和成本超支；⑥经济复苏项目能否实现法案目标。总监察长要对公众提出的与资金使用相关的质疑进行核查，并及时通报结果。

为协调各部门总监察长办公室的工作，ARRA 法案还特别成立了"经济复苏问责和透明委员会"（Recovery Accountability and Transparency Board，简称"复苏委员会"）。该委员会主席由美国总统指定或任命，具体成员由各联邦行政部门的总监察长构成。由人员的构成可知，该委员会实质上仍然是政府内部审计的一种延伸制度安排。

3. 注册会计师

法案发布后，CPA 仍进行单一审计，但也有三个重大的变化。第一，所有使用经济复苏资金的项目都是单一审计的审计对象，不要求支出达到 50 万以上，因为这些项目全被认为是高风险项目。第二，加强对法案资金内部控制的监督与评价。第三，内部控制如果存在重要缺陷或重大缺陷，可以提前向被审计单位管理层报告，无需等到年末。由于其在法案资金审计中发挥了巨大作用，注册会计师实施的单一审计被誉为"第一审计工具"。

三、经济复苏与再投资法案下财政资金的协同审计监督

(一) 网状的审计监督体系

经济复苏与再投资法案下财政资金的审计监督由 GAO、OIG、CPA 共同实施,分别代表国家审计监督、政府审计监督和社会审计监督,他们各司其职、相互配合,形成了一个全方位立体的审计监督网络,如图 2-1 所示。

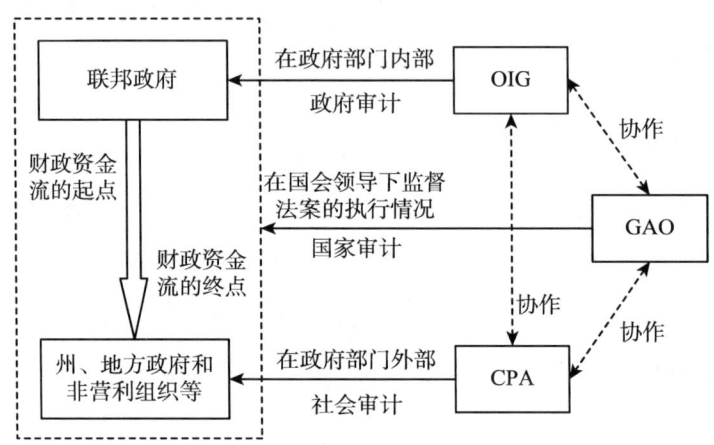

图 2-1 ARRA 法案下的财政预算审计监督体系

具体来看,ARRA 法案的财政资金是从联邦政府各部门或机构,以经济复苏项目的形式,包括医疗、教育、交通等,下拨给各州、地方政府和非营利组织。OIG 处于财政资金流的起点,它可以审查其所在部门的内部控制等情况,在资金流的起点——资金划拨的程序中为拨款管理的恰当性提供保证。CPA 处于财政资金流的终点,通过对资金接受机构提供的财务信息、内部控制情况等进行检查,在资金流的终点——划拨资金的使用上为其合法性,以及报告的真实性提供保证。GAO 是独立于资金流之外的权威机构,地位最高,其职责是监督和评价 ARRA 法案的实施情况,从立法的层面综合评价 ARRA 法案资金使用的情况,并向国会提出建议。

(二) 审计监督主体之间的协调合作

1. 积极频繁的信息沟通

ARRA 法案颁布之前,GAO 的审计长就开始主动联系各部门的总监察长办公室、总监察长诚信和效率委员会的主席 Phyllis Fong 女士,召开内部协调会议,

商讨后续合作方案。2009年2月23日，Earl Devaney 先生被美国总统任命为"经济复苏问责和透明委员会"主席，GAO 马上与其会谈，商讨如何开展合作。例如联邦政府合并财务报表的审计问题，GAO 需要依赖 OIG 对其所处各部门财务报表的单独审计。

GAO 还主动联系州和地方政府的审计团体，从法案伊始就参加合作电话会议。2009年2月26日，与来自46个州和哥伦比亚地区的审计师或其代表召开第一次电话会议。第二天，GAO 又牵头组织了一次类似的会议，将讨论范围扩展到全国州以下的地方政府层级。GAO 认为，州和地方审计师在各自的管辖权范围内承担极为重要的监管责任，并且对当地的资金情况有着独特的了解，是监督经济复苏财政资金不可或缺的助力。

除定期电话会议以外，GAO 还积极参与州和地方组织的讨论，以进一步促进与问责团体成员的相互合作。这些组织包括：全国各州审计师、监察长和司库协会，全国各州预算官员协会、全国各州采购官员协会、全国州长协会等。GAO 的审计长 Gene Dodaro，同时担任全美各级政府审计论坛（National Intergoveramental Audit Forum）的主席。该组织已成立60多年，是联邦、州和地方各级审计机构一把手聚集在一起探讨具有共同利益的话题并分享最佳实务经验的重要沟通平台。

2. 协作应对财政资金舞弊

GAO 的舞弊应对主要是事前预防，并从以下两方面着手。一是预警和提示中长期的高风险领域。GAO 自1990年起每两年更新一次重大风险目录。该目录对舞弊、浪费、渎职等情况发生概率较高的领域进行提示。二是指导和帮助政府建立健全其内部控制。

OIG 的舞弊应对着重事前和事后两个阶段。在事前方面，以 OIG 为主体的政府内部审计制度本身就具有较强的威慑作用。除此之外，OIG 还通过对相关人员开展培训来进行事前预防。为了帮助与 ARRA 法案资金使用相关的人员，例如资金接收方、划拨方了解 ARRA 法案及相关规定，各行政部门 OIG 开展了大量培训，包括如何界定舞弊、可采取的防范措施、报告舞弊的时间和方式等。在事后方面，OIG 的舞弊应对主要是调查。截至2013年1月31日，OIG 和复苏委员会共收到与 ARRA 法案资金相关的举报4246份。其中，2060份投诉启动了公开调查，856个案件由于无关或者不明确等原因而被终止。此外，OIG 还独立完成了2779项涉及 ARRA 资金的政府活动，提出了许多完善资金使用的建议。

CPA 的舞弊应对主要是事中，是对资金使用的过程进行监督。单一审计中的合规性审计，就是审查资金接收方在资金使用中有没有违反 ARRA 的规定。如果存在，则需要在审计报告的"审计发现和问题成本列表"中予以详细阐述，并将最终的审计报告输入交互式数据中心。GAO、OIG 在有需要的时候可以随时调取、查阅单一审计结果报告。

3. 共享财政审计结果报告

为了确保 ARRA 法案 7870 亿财政资金使用的"透明"和"问责"，美国专门开设了一个网站 www.recovery.gov，披露所有财政资金的使用信息①。GAO、OIG、CPA 的审计监督结果都会在该网站公布，或者提供相关链接。这不仅有助于公众了解财政资金的使用情况，还可以使审计监督主体更易了解到其他监督主体的动态，能够促进各审计监督主体间相互协调、相互沟通，使有限的审计资源得到最大限度的利用。

第三节　美国财政预算审计监督系统内外部一体化协作

目前美国财政预算审计监督与预算管理之间，基本实现了协调配合与良性互动。在新公共管理运动背景下，绩效审计、绩效预算、绩效评估，实现了相互促进的相干作用。会计总署与联邦政府共同构建政府内部控制，既完善了政府自身的财政管理，又提升了审计监督的工作效率，使其进一步将审计资源投入价值增值更高的绩效审计之中。

一、以绩效为导向，审计监督与预算管理实施协同性变革

（一）新公共管理运动的社会背景

20 世纪 80 年代开始，西方国家甚至全世界迎来了巨大的社会变革。财政收入大幅增加，公众民主意识和参与公共事务的意愿增强，公众对公共部门的要

---

① 该网站是为了确保财政资金使用的"问责"和"透明"而专门面向公众设立的，公开所有与 ARRA 法案相关的信息，涉及国家机密的除外。

求发生了很大变化，政府传统管理体制难以达到公众的要求。因为传统的公共管理缺乏灵活性，行政系统的规模和财政预算支出居高不下，政府机关高投入、低效率的问题越来越严重。导致政府深陷财政危机、福利制度困境。因此社会对政府的满意度越来越低，引发了公共行政体制变革的浪潮。

"新公共管理"（New Public Management）模式就是在这样的社会背景下产生的，它突破了传统公共行政学的边界，将公共部门管理研究与经济学、政治学、社会学等学科相结合，追求更高效、成本更低、更具有灵活性、更健全的责任机制，它的产生将政府管理带入新的研究领域。

学者们对"新公共管理"的特征，从不同方面进行了阐述。公共管理专家胡德总结了新公共管理的七个特征，而陈振明教授将其概括为八个要点。总的来说，主要表现为以下五个特征：

一是公共管理的核心由内部变为了外部，从关注部门整体、过程和程序转变为关注项目个体、产出和绩效，长期战略管理、目标管理和绩效评价等成为公共管理学关注的焦点。

二是将企业管理的理论引入公共部门管理。比如对公共部门和员工实施绩效考核、与员工签订短期合同、对员工采取物质激励的方法等。而公共部门管理中的绩效评价方法、人力资源管理和组织发展等，大多都是从企业管理的方法中借鉴而来。

三是在政府工作中引入市场竞争机制。政府工作中可以适当选择合同承包、代理、招标等方法，使私人企业与公共部门产生竞争，这样可以缩减行政机关规模，同时也能提高政府服务效率。

四是优化政府结构，加强责任观念。明确政策制定与实施的主体，政策制定者是政府、执行者是执行机构，政府部门与执行机构通过合同约束、制定奖惩措施等完成既定目标。与此同时，通过合理放权，允许部门负责人参与管理决策，使政府管理更灵活自主，也使责任落实到相关人员。

五是建立服务型政府，缓和公共部门与社会公众的紧张关系。政府应改变其官僚作风，向服务型政府转变，强化政府公共责任感。新公共管理中提到把公众视为政府的顾客，在工作中将顾客放在首位，听取并尽力实现顾客的要求，以此提高政府服务质量。

总的来说，前三个特征强调对绩效的关注；后两个特征强调对公共受托责任的关注。

(二) 新公共管理运动对审计监督的推动

"新公共管理"运动推动了西方公共管理体制的改革，也促进了财政预算审计的发展，使审计监督逐渐向绩效审计的方向发展。

1. 新公共管理反映社会观念结构的更新，营造了绩效审计的社会环境

在新公共管理运动中，政府绩效和责任是政府改革的两个关键点，建立高效、经济、具备责任感的服务型政府是社会各界的共同希望，因此各国都通过相关举措来实现这个目标。

新公共管理运动提供的社会环境，本质上是社会对绩效审计结果的需求，是来自于社会对于政府绩效的高度重视，是日渐增长的"公共受托责任"意识带来的物化的观念结构。社会各界出于不同原因都有绩效结果的需求。政治家需要绩效评价的原因，是人们能够通过绩效评价的结果看出政策实施的成效，使政治家得到更多的民众支持；政府同样也有绩效评价的需要，因为通过审计机关对其工作成果进行评估，能够帮助其得到民众的肯定；公众也需要了解政府部门的工作情况，独立的审计机关能够为公众提供可靠的政府工作信息，帮助其评价政府和政治家的工作效率。绩效审计的目标和存在的意义就是满足国家、政府和民众的需求。经过长期发展，公众"公共受托责任"意识越来越强烈，最终在物化的社会观念结构中反映了出来，推动了绩效审计的发展。

得益于新公共管理创造的条件，绩效审计在一些国家迅速发展起来。例如，澳大利亚从1979年就开始绩效审计。但到20世纪80年代中后期，绩效审计呈现下降的趋势，80年代末期和90年代初澳大利亚进行了大规模的预算改革，才使得绩效审计重新发展起来。这项改革的核心就是公共部门管理的焦点向绩效控制转变，要求公共部门重点关注长期战略的效率和效果，使资源得到最大限度的利用，这项举措推动了澳大利亚绩效审计的复苏。

2. 新公共管理提供项目评估活动的支持，提升了绩效审计的技术能力

绩效评价标准的确立有很大难度，难以建立科学的审计规范、缺乏专业人才等问题，是绩效审计发展的阻碍。

公众对政府绩效评价的高度关注促使学者和社会人士对这些问题进行深入研究和实践。例如，在英国，撒切尔夫人在任期间实施的"财务管理改革方案"就强调绩效指标重要性，并建立大量绩效指标供政府部门使用。其绩效指标数量在三年内从500多项增至2300多项；在美国，小布什在《政府绩效和成果法案》的基础上进一步发展，重视绩效指标在政府部门工作中的运用。2003财政

年度的总统预算中，首次将项目绩效评价纳入预算范围。借助于项目评估定级工具，2004财政年度预算首次将绩效信息表格附在传统的预算项目旁边，深受国会议员们的欢迎。绩效评估的理论和实践成果，为提高审计监督能力提供了技术支持，为绩效审计的发展奠定了基础。

（三）绩效审计与绩效预算、绩效评估的协同性变革

从1921年至今美国财政预算审计监督的历史轨迹中，可以看到，美国审计监督始终是围绕国家财政管理的主线向前延伸和发展的。绩效审计、绩效评估、绩效预算都是社会生产力发展以后，"绩效"观念、公权意识在不同社会领域的体现和反映。特别是1993年的《政府绩效和成果法案》，首次通过立法方式，明确将绩效审计与绩效预算、绩效评估改革捆绑在一起。美国审计监督（发展到绩效审计阶段），与预算管理（包括绩效预算、绩效评估）这两个非线形子系统，正在密切配合、发生相干作用，已经显现整体涌现效应，共同服务于以绩效为导向的国家管理，融入美国整个社会巨系统，服务于以绩效为导向的国家管理，一并前进和发展。

1. 绩效审计与绩效预算之间的相干作用

一方面，审计监督是国家预算管理的重要组成部分。审计机关对财政资金进行监督有助于了解预算的执行情况，并可以对财政预算制度进行客观评价，找出制度中存在的问题，提出意见，为建立科学合理的财政预算制度提供保障。另一方面，财政预算制度的发展又会影响审计监督的方式和内容，推动审计制度的变革。在美国，审计监督与预算管理之间良性互动，形成了紧密的联系。

（1）绩效预算对绩效审计的影响。

以绩效为导向的预算制度丰富了审计监督的内容，使其不再只进行合规合法性检查，反而高度重视资金使用的效果。

第一，在传统预算模式下，预算单位按规定的预算项目和标准使用资金，遵循法律法规等外部规定是资金使用时的主要注意事项，因此审计监督的内容也多是预算单位有无严格遵循外部规定；而在绩效预算的模式下，预算单位的工作任务是向社会提供高质量的公共产品或服务，主要考核其实际绩效，产品或服务提供过程中的内部控制变得十分重要，审计监督也因而需要更加关注绩效和内部控制问题。

第二，在绩效预算模式下，开展绩效审计将是审计机关的主要任务。在美

国、英国等发达国家绩效审计已经取代传统的财务审计成为审计机关的主要工作。绩效审计能够有效评价政府部门工作成果和责任履行情况，提高国家治理能力，有助于财政资金科学合理使用，督促政府部门提供高质量的公共服务和产品。

第三，有助于提高政府部门公共管理水平、监督其履行受托责任。绩效审计的根本目的是利用审计监督完善政府制度，提高管理水平，保障财政资金的有效使用，为公众提供良好的公共服务。绩效预算能够促进审计监督系统更快地向绩效审计阶段发展，体现其服务于国家治理的管理属性和终极目标。

（2）绩效审计对绩效预算的影响。

反过来，绩效审计也为绩效预算提供了可靠的保证。

第一，绩效审计能够发现绩效预算管理和实施中的问题，找到预算管理制度的缺陷。例如，美国会计总署调查夏威夷、康涅狄格州、爱荷华州、路易斯安那州，以及北卡罗来纳州的绩效预算后提出，"尽管所有长期成功的州被视为绩效预算方面的佼佼者，人们却并不完全信任绩效评估能够影响资源的分配决策。相反，根据大多数州立法部门和行政部门官员的看法，资源分配决策在很大程度上还是受到传统预算惯例的影响……"[①]。

第二，通过发现被审计单位存在的问题，督促其完善管理制度，提高预算管理水平。例如，1996年会计总署发布名为"预算管理局"的报告，分析了管理局前局长 Alice Rivlin 领衔的、意图更好地整合 OMB 预算分析、管理审查以及政策角色的重组努力。会计总署发现，预算管理局的普通职员比较关注机构管理问题，而高级官员则更明显地支持在预算审查的背景下考虑管理问题。

第三，在年度审计报告中提出与预算制度改革有关的立法建议，从宏观的法律层面推进预算改革。审计机关每财政年度结束后都要就预算执行情况向立法机关提交审计工作报告。在报告中，针对检查出的问题向立法机关提出预算制度改革的建议。

Bowsher 担任主计长期间，十分重视联邦预算和赤字逐年上升的情况。他在1981年的一次演讲中，指出造成这一状况的原因是联邦预算、审计、项目评估等机关之间缺乏协调一致。因此，会计总署的首要工作是打破这些部门的隔阂，积极参与宏观层面的预算改革。自20世纪80年代，会计总署开始评估联邦预算

---

① 罗伊·T. 梅耶斯等：《公共预算经典——面向绩效的新发展》，上海财经大学出版社，2005年，第510页。

制度的问题，提示赤字预算的危险性，并帮助国会予以解决。1985 年国会通过《平衡预算与紧急赤字控制法案》（Balanced Budget and Emergency Deficit Control Act of 1985），赋予主计长重要角色。以往都由预算管理局和国会预算局对联邦收支的评估提出年度报告。该法案颁布以后，主计长可以进行独立分析，针对需要削减的赤字数额，与总统和国会分别沟通，总统再配合主计长的报告缩减支出。这样，会计总署成为判断赤字是否超过法定限度的机构，拥有很大的预算管理和建议权。

第四，审计结果的披露能够提高预算管理的可信度和透明度，形成"绩效"导向的社会舆论压力，以此来推动预算改革。会计总署实行审计结果公告制度，这样不仅有助于公众了解审计机关的工作，还有助于其了解被审计单位的预算支出情况，增加社会舆论，使公众提高对公共部门预算管理的要求。正如现任主计长 Walker 所说，会计总署能够对政府工作的真实性和透明度提供高度独立的保证，并且有责任避免安然这样的造假事件发生在政府部门。披露审计结果是审计监督中重要的一个环节，事实上，所有审计报告和议会证词都会在发布的当天上网公告。

2. 绩效审计与绩效评估之间的相干作用①

（1）绩效评估对绩效审计的影响。

第一，绩效评估能够为政府绩效审计提供理论支持。绩效评估中"公民为本""服务型政府"等理念，与绩效审计的要求相一致。绩效审计是在政府部门深陷信任危机、财政危机的背景下产生的，同时也是公权意识发展的结果。公共部门作为公共资源的受托管理者有义务实现公共资源效益最大化，并在公共资源的提供者有新的要求时做出回应并尽力实现。

第二，绩效审计可以借鉴绩效评估的指标体系。绩效审计难以实现既定目标的原因不仅在于需要审计的公共产品和服务种类多，个体差异大，更在于没有建立科学有效且可操作的指标体系。因此在绩效审计的过程中借鉴公共领域绩效评估中已被证明有效可行的指标体系，未尝不是一种可行的办法。

第三，绩效评估的方法系统为绩效审计提供了模板。绩效审计由合规审计发展而来并逐步取代了合规审计在审计监督中的地位，因此按照合规审计的方

---

① 绩效审计和绩效评估的手段类似，区别在于实施主体方面。绩效审计的实施主体主要为独立的审计人员，包括审计机关、注册会计师等。绩效评估的实施主体不限于审计人员，社会评估机构、相关研究机构，甚至被评估单位自己，都可以作为评估的主体。以往绩效评估的概念，多出现于公共管理的理论研究和实践当中，发展至今，绩效审计与绩效评估的主体界限逐渐模糊、交叉。这也印证了系统科学论的观点。

法进行绩效审计是不可行的。美国审计学者布朗认为:"公共部门的经营缺乏同业竞争和利润刺激,因此不能沿用财务审计和合规性审计的方法。"公共产品和服务涉及范围广、种类多,使得绩效审计方法必须实现"杂交化"和"整合化"。著名审计学者克里斯托弗·波利特提出,由于绩效审计不能从财务审计中找到可借鉴的方法,因此不得不在其他领域寻找现成的方法,与绩效审计最接近的应该是规划或政策评估科学。会计总署在评估部内建立了专门研究评估方法的评估协会。荷兰、瑞典、英国等西方国家对此也十分重视,并成立了相关的组织对此进行研究,如欧洲评估协会。较为成熟的绩效评估方法为政府绩效审计提供了完善的操作指南。

(2) 绩效审计对绩效评估的影响。

第一,积极参与,成为公共领域绩效评估的重要主体之一。最有说服力的证据是,自1921年《预算和会计法案》以来,美国历史上没有一部法案出现过"绩效审计"一词,都是要求会计总署对政府活动进行项目评估,考察资金使用的经济性、效率性和效果性。因此,许多介绍美国审计监督发展历史的书籍文献,讲到审计监督的发展时,都只说向项目评估方向发展转型,连会计总署自己的网站也极少谈及。"绩效审计"的概念只是出现在美国会计总署制定的政府审计准则之中,帮助理解和指导具体工作,区别于财务审计的目标、程序和方法等。因此,我们有理由认为,美国绩效审计就是一种绩效评估工作,只是主体、层次、独立性不同,是美国会计总署对公共部门自己的评估结果,进行独立的、更高层次的、监督性更强的、带有明显政治色彩的绩效评估。

当然,会计总署人力、物力有限,只能对调查权限内小部分项目进行亲自评估,大部分项目评估工作还是要由行政部门自己完成。为此,国会经常要求行政机构提供附带绩效评估基础信息的报告,帮助会计总署经济、高效地完成绩效审计。同时,国会通过1950年《预算和会计程序法案》、1974年《国会预算和截流控制法案》等,明确行政机构对自身财务信息、评估报告可靠性的会计责任,授权会计总署帮助行政系统构建、完善其财务管理制度和内部控制系统,有利于减轻会计总署工作压力,实现审计监督资源的最优化配置,更好地服务于立法权力制衡行政权力的政治目的。

第二,监督考核,改善联邦公共领域的评估政策和管理活动。最早的考核工作始于1975年对所有较大规模联邦机构的调查。之后还陆续调查公共部门对特定项目或者活动的评估工作,向国会报告检查结果。例如,1991年会计总署对103个联邦机构的绩效评估活动进行的调查,迫使国会在1993年颁布了《政府绩效和成果法案》。

综上所述,社会经济结构的进步、产权关系的丰富和发展,催生了"绩效"观念,影响了社会观念结构。绩效审计、绩效评估、绩效预算都是"绩效"观念、公权意识在诸多社会领域的体现和反映。绩效审计、绩效评估、绩效预算三个社会子系统之间,存在互为前提、互为因果的复杂关系。没有绩效预算制度,很难建立绩效评估机制。绩效评估是绩效预算的反映与结果,没有绩效评估,也很难完善绩效预算制度。而在整个绩效评估机制当中,如果没有公共部门自己的先行评估和准备作为铺垫,审计机关不可能凭一己之力完成绩效审计如此艰巨的任务。最后,绩效评估、绩效审计又可以为绩效预算系统输入负熵,实现绩效预算系统的有序化。因此,他们三者之间可谓动一发而牵全身,必须共同作用才能产生整体涌现效果,缺一不可。1993年《政府绩效和成果法案》要求同步开展绩效审计、绩效评估、绩效预算以后,三者全部进入了快速发展的阶段,很好地印证了这一点。

当然,他们三者共同作用的终极目的,都是为了帮助国家实现善治,特别是国家公共财政管理制度的最优化。

二、从政府内部控制切入,共建有效的公共财政管理制度

(一) 规范政府部门内部控制标准

COSO全美反虚假财务报告委员会的发起组织委员会1992年发布《内部控制——整体性框架》,包括经营、财务、遵循三类控制,以及控制环境等五个控制要素。会计总署认为,此报告不能应用于政府部门的内部控制,原因有两点:一是缺少强制提供内部控制报告的规定;二是没有能够保证资产安全的内部控制类型。经过协商,将新的内部控制类型——"防止未经授权获得、使用或处置资产的内部控制"作为附录添加。

在此基础上,会计总署于1994年修订了《政府审计准则》。外勤准则补充了三条要求:跟踪已知的重大发现以及前任审计人员提供的重要情况;实施旨在识别违反合同或协议行为的审计程序;将重要结论和判断的形成过程记录于工作底稿。报告准则方面,进一步强调了审计人员与被审计单位治理层就内部控制缺陷的沟通。

(二) 共同构建政府部门内部控制

在美国，财政预算审计监督主体帮助政府建立健全内部控制的做法由来已久。1950年的《预算和会计程序法案》首次提出政府内部控制的概念。该法案规定，为行政机构的经济活动维护会计系统、提供财务报告是行政部门的责任，各行政机构负责人应当建立并维护内部控制制度。而会计总署的任务是，检查政府部门内部财务控制的运行情况，帮助改进政府会计、财务报告、预算和审计等工作。此外，在《联邦管理人员财务诚信法案》的授权下，会计总署于1983年制定出《联邦政府内部控制准则》，为指导美国联邦、州和地方各级政府建立内部控制提供了基本规范和重要依据。

1978年《总监察长法案》的出台，标志着政府内部审计制度的建立。事实上，内部审计制度本身就是内部控制的一个重要组成部分。根据该法案，总监察长负责督促各部门的内部控制建设工作。鉴于内部控制的建设工作较为繁重，1980年的《首席财务官法案》在各部门内部新设立联邦财务管理办公室，旨在推动并保持一个整合财务会计和内部控制的财务管理系统，以实现政府财政预算管理内部控制的有效运行。该办公室的工作由总监察长负责并予以督促指导。

1984年《单一审计法案》要求，注册会计师在进行单一审计时，必须报告接受援助的机构的内部控制情况。也就是说，内部控制的范围，已不仅仅只是划拨财政资金的部门，还包括接受援助的地方政府等。政府内部控制建设跟随财政资金的流动而不断延伸推进。

可见，作为隶属于国会的外部审计监督主体，会计总署的职责主要是建立内部控制的标准，指导政府部门进行内部控制建设。作为隶属于政府的内部审计监督主体，总监察长的职责主要是对政府部门的内部控制进行常规监管。作为规范财政转移支付的外部审计监督主体，注册会计师主要负责评价接收财政援助资金的各州、地方政府和非营利组织的内部控制状况。三者各司其职，共同促进美国政府建立健全其财政预算资金内部控制。

第三章 我国财政预算审计监督的现状考量

审查预算执行情况,是财政预算审计监督的首要工作。首先运用内容分析法,研究 2007~2016 年审计机关公布的审计工作报告,通过对报告中发现的问题进行梳理,识别政府预算执行当中存在的突出问题,分析我国财政预算审计监督所处的发展阶段与困难。

绩效审计是未来财政预算审计监督的发展方向和高级阶段,审计主体在进行审计监督时,应当以身作则,发挥表率作用。第二节运用数据包络分析方法,考察审计署派出机构工作绩效,以期促进监督者的自身绩效管理。第三节,结合有关事务所参与绩效评价业务的问卷调查,探讨社会审计机构参与财政预算审计监督的实践现状。

第一节 我国财政预算审计监督的实践进展

首先对 2006~2015 年审计工作报告的内容要素变化进行梳理;其次对审计工作报告中有关中央部门预算执行审计情况进行重点分析,对主要审计问题及出现频次进行统计与比较,考察中央部门预算执行审计的工作重点与变化趋势;最后通过类目设定与材料编码,测算审计问题中各类目出现频次与占比情况,对统计结果进行评价。

一、预算执行审计发展历程

预算执行情况,一直是审计监督的首要任务。1995 年,国务院在第 181 号令中提出，审计机关需遵循全国人大常委会的工作规划，每年按要求提供中央政府机构财政预算执行等情况的相关报告。1998年8月国务院办公厅发布相关通知，其中要求："对于审计工作报告中所反映的问题，相关部门应该通过业务主管部门归口负责、集中汇总报告的方式进行整改"，审计机关也应当对处理的实施进行检查和统计。1999年，出台《中央预算执行审计工作程序实施细则》，对审计报告的生成过程、时间安排和质量控制作出了规定和要求。2006年，各级人大常委会在相关监督法规中明确规定，审计机关对于上年度的中央预算执行情况和其他财政收入与支出的相关报告，应当作为人大常委会每年参考和审议的重点材料，人大常委会需在此基础上审察和批复当年的预算决算报告。至此，审计署关于中央预算执行审计工作的报告框架已经基本成型。

历经二十多年的探索与创新，审计工作报告已经成为审计机关年度审计工作思路的体现，是其审计工作情况和工作成果的集中反映，同时，全国人大、政府等机构也借助审计工作报告来加强对预算的管理和监督。

拟运用内容分析法，研究2007~2016年审计机关公布的审计工作报告[①]。这些报告公布了最近十年中央审计预算执行的基本审计情况，全面反映出预算执行审计的变革，满足内容分析方法对文本的要求。通过对分析结果的统计与比较，还可以帮助深入了解政府预算在执行进程中的核心问题所在。

二、预算执行审计实施概况

（一）预算执行审计报告内容变化

我国的公共预算制度改革最早是在中央政府层面开始实行，计划将部门预算和集中支付改革、收支两条线等几项同步进行。相应的，中央预算执行审计也在悄然变化。审计机关在2002年度的审计工作报告中指出，在过去的五年间，审计机关提出了多项管理建议，如政府债务管理、细化预算编制等，并逐步得以落实。这些建议推动了财政预算的改革进程。

---

① 审计工作报告全称为《中央预算执行和其他财政收支的审计工作报告》。2017年提交研究报告时，2016年的审计工作报告尚未披露，因此将研究时段集中在2006~2015年。根据2006年修订的《中华人民共和国审计法》第四条规定，审计工作报告，是审计机关每年代表政府向本级人大常委会提交的有关预算执行和其他财务收支的报告。其本质是政府工作报告的组成部分，与审计结果公告的性质不同。此外，《中华人民共和国审计法》第四条规定，审计工作报告应当重点报告对预算执行的审计情况。因此，2006~2015年每年审计工作报告中，有关预算执行的部分，特别是"中央部门预算执行审计情况"的内容，就是本课题的重点分析和研究对象。

2003 年,全口径预算管理被正式提出,中央政府部门开始实行"全口径预算管理改革"。例如,在中央部门年度预算之中纳入公共预算、中央资金预算、社会公众保险资金预算、国家资金运营预算等。2011 年向人大上报的待审核监督的预算草案中,财政部门首次将"四本预算"纳入预算执行草案,这一做法为审计署全面开展中央预算执行审计提供了重要依据,同时也是全口径预算管理改革的重要突破。在 2014 年批准和修订的《中华人民共和国预算法》中,相关部门明确指出,由国家财政部门负责编写中央部门及下属单位的决算草案,该草案由国家审计机关和国务院执行审查后,再上交人大常委会,实施最后的审查和批复。近年来,预算执行工作报告的内容变化如表 3 - 1 所示。

表 3 - 1 　　　　　　2006 ~ 2015 年审计工作报告重点内容变化

被审计年份	报告年份	重点内容	特点	新增内容
2006 ~ 2009 年	2007 ~ 2010 年	中央部门预算执行审计、中央财政管理审计、中央专项转移支付审计、中央专项资金审计、中央各部门及所属单位审计调查、重大投资项目审计、环境保护专项审计、金融机构审计、国有企业审计	以预算管理、资金管理为审计重点	2007 年新增项:金融机构审计。2008 年新增项:环保专项审计。2009 年新增项:地方政府性债务管理审计;重点民生资金和民生工程审计
2010 ~ 2015 年	2011 ~ 2016 年	中央部门预算执行审计、中央财政管理审计、中央决算执行及决算草案审计、专项转移支付、重点投资项目审计、地方政府性债务审计、环境资源保护专项审计、金融机构审计、国有企业审计	在前期基础上,按照"实行全口径预算管理"要求审计	2010 年新增项:中央政府决算草案审计;国税征管审计。2012 年新增项:财政管理审计。2014 年新增项:政策措施落实跟踪审计

资料来源:根据 2007 ~ 2016 年审计署发布各年度中央预算执行和其他财政收支的审计工作报告、2007 ~ 2016 年财政部发布各年度中央决算报告整理所得。

由表 3 - 1 可知,审计的重点项目随着预算的改革而不断变化,显示出审计工作对财政预算改革积极跟进的过程。而这些审计工作又反过来推动了财政预算制度的进一步改进和完善。总体来看,财政预算审计监督的范围正在逐步扩大,监督的内容开始由合规性问题向绩效问题转变,中央预算执行审计工作将面临更高的要求和更大的挑战。

（二）预算执行审计整体工作情况

审计机关在实施预算执行审计工作时，需要依照人大审议通过的预算草案，依法检查和监督中央政府部门每年预算执行及相关记录计量的合理性与合法性，以促使财政资金的合理使用，减少腐败行为。因此，中央部门预算执行审计，每年都是审计署预算执行审计的一个重点专题，给予重点审查，内容也愈加广泛。随着政府部门在新形势下加强披露各项支出、支出透明化进程加快，审计机关越来越重视有关中央部门预算执行审计的实践和研讨。表3-2反映了2006~2015年审计工作报告中披露的部门预算执行的总体审计监督工作情况。

表3-2　　　　2006~2015年审计工作报告披露的中央部门预算执行审计的结果统计

项目	2006年	2007年	2008年	2009年	2010年	2011年	2012年	2013年	2014年	2015年
审计中央部门	56	53	55	56	54	50	58	38	44	42
审计部门所属单位	434	368	285	310	467	270	317	389	303	241
审计财政支出预算（亿元）	—	691	1159.58	1224.83	1708.15	1460.24	2742.78	1542.38	2213.49	1891.62
审计金额占预算总金额比例（%）	—	31.90	33.59	33.23	32	30	27	33.38	41	36

资料来源：同表3-1。2006年发布的审计工作报告中没有披露审计财政支出预算和预算总金额相关信息。

由表3-2可以看出，每年所审计的中央部门平均为50个，每年审计的中央部门所属单位平均维持在330个，最近几年有减少的趋势；每年审计金额占预算总金额的比例平均维持在33%，近几年有上升趋势。综合来看，被审计的中央部门数量减少，但审计金额占比上升，表明中央部门预算执行审计的强度加大、重点更加突出。

三、预算执行审计内容分析

（一）预算执行审计的主要问题识别

全国财政预算收入和支出规模在分税制改革之后均出现了较大的增长，促使审计机关不但要关注预算执行，更要从根源出发、注重预算制度的改进。

审计署在预算执行审计工作中，除了重点关注挤占挪用、虚假申报、"三公"经费及会议费用违规违法滥用等情况外,逐渐开始关注此类问题背后反映的更深层次的原因,比如中央政府预算编制的项目支出与基本支出界限无法划定、政府各部门财政管理及内控有缺陷等问题,试图从体制机制上寻求根本性的解决办法。

近十年中央政府部门及下属单位预算执行审计中主要问题统计结果,如表3-3所示。

表3-3　　　　　2006~2015 年审计工作报告披露的
中央部门预算执行问题统计

被审计年份	报告年份	预算执行中的主要审计问题
2006 年	2007 年	1. 存在违反财经制度规定的问题*; 2. 预算不细化、不完整和批复不及时; 3. 对外投资未形成标准,少计国家资产和权益; 4. 未经批准和超标准、超概算违规修建
2007 年	2008 年	1. 年初预算不够细化、缺乏完整性及批复延迟; 2. 存在违反财经制度规定的问题; 3. 预算编制不合理、项目执行效率低,影响这些资金使用效益的发挥; 4. 未经批复将国家资金向外投资、外借,导致国家资金损失浪费
2008 年	2009 年	1. 存在违反财经制度规定的问题; 2. 部门工作任务确定落后于部门预算编报,部门工作计划与部门预算安排没有形成衔接,部分部门预算编制的准确性与完整性存在缺陷
2009 年	2010 年	1. 预算执行还不完全到位; 2. 预算管理还不够严格和规范; 3. 部分部门及所属单位监管松散,出现突出的违反财经制度规定的问题; 4. 部门决算编制的精确度不足
2010 年	2011 年	1. 项目支出预算编制粗略,预算执行未完全到位; 2. 部分部门及所属单位监管松散,出现突出的违反财经制度规定的问题; 3. 部分部门决算编报准确度不足
2011 年	2012 年	1. 预算执行未完全到位; 2. 预算和财务管理不够严格; 3. 部分预算管理制度和规定存在缺陷

续表

被审计年份	报告年份	预算执行中的主要审计问题
2012 年	2013 年	1. 预算执行未完全到位； 2. 部分单位仍有违反财经制度规定等问题； 3. 预算管理的相关规定不够完整，约束作用难以实现； 4. 政府采购和招投标制度执行松散； 5. "三公"经费和会议费等管理使用不合规**； 6. 部门决算方案中部分内容编报存在错弊； 7. 在判断单位是否实行部门预算管理规定时没有明确标准
2013 年	2014 年	1. 部分部门及单位"三公"经费和会议费等违规管理、违规滥用； 2. 违规修建楼堂馆所、超标准占用房屋土地； 3. 违规申报预算，执行过程违反财经制度规定； 4. 部分政府部门下属的社会组织及单位依托行政权力违规谋取利润； 5. 部门决算草案编报和会计核算不准确
2014 年	2015 年	1. 一些部门预算编制粗略，预算执行不到位； 2. 信息化进程未能得到统筹安排； 3. "三公"经费和会议费等管理使用不合规
2015 年	2016 年	1. 违规套取和使用资金问题还时有发生； 2. 事业单位预算保障办法模糊不清； 3. 部分部门及所属单位依托行政权力违规谋利； 4. 部分部门及所属单位"三公"经费、会议费等费用仍有违反财经纪律的滥用

注：* "违反财经制度规定的问题"主要表现为：挤占挪用和转移财政资金、多报多领财政资金、违规收费、多申领财政资金或瞒报收入和资产、虚报人数、重申项目、虚列支出或以拨作支、未经批准改变部分预算资金用途、私存私放资金设立"小金库"等。图3－1将"超标准违规建设办公楼、违规投资、违规出借、经营不善等造成国有资产损失浪费或形成损失风险、利用部门权力或影响力取得收入"也纳入"违反财经制度规定的问题"之中。

** "'三公'经费和会议费等管理使用不合规"主要表现为：因公出国、公务用车、公务接待、会议费用预算超支或转嫁摊派。

资料来源：根据2007～2016年审计署发布各年度中央预算执行和其他财政收支的审计工作报告、2007～2016年财政部发布各年度中央决算报告整理所得。

从表3－3中统计的主要问题来看，审计机关在对预算执行监督时，是从执行结果作为落脚点，无法看出审计机关对预算执行的事前和事中做出了有效的监督。进一步的，对统计期间内，预算执行审计中发现的问题进行归纳与频次统计，得到如图3－1所示的条形图。

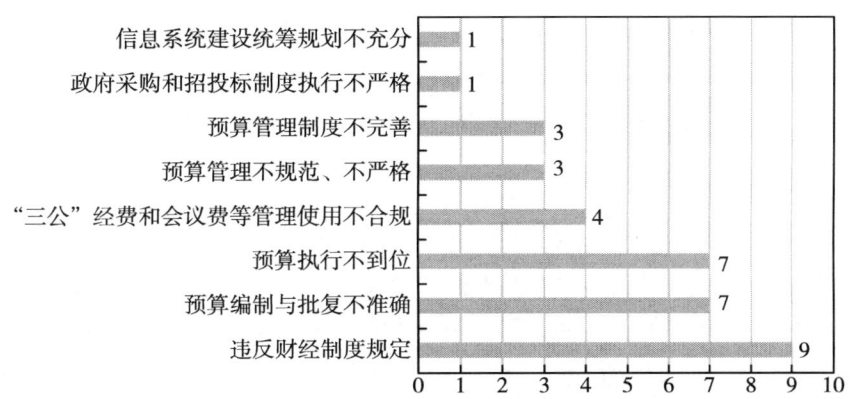

图 3-1 2006~2015 年审计工作报告披露的中央部门预算执行问题频次

结合表 3-3 与图 3-1，分析 2006~2015 年审计工作报告中的相关内容，其中"违反财经制度规定"问题出现的频率是 9 次，说明违规仍是需要重点关注的问题，而且处理力度不够。问题频次并列第二的是"预算编制与批复不准确""预算执行不到位"这两类问题，七份预算执行审计报告中均有列示。预算编制不实、执行不力等问题，很可能造成预算资金过度结余以及财政支出出现杂乱的情形，继而引发账外设账、超预算支出或虚假列支、自行调剂项目等违法违规的行为，导致更多财政问题的发生。再次是预算执行中的管理问题以及制度与规划方面的缺陷。

值得注意的是，在预算编制与执行中的违反财经制度规定、违反"三公"经费和会议费使用不合规等问题，虽然主要责任在于各政府部门的资金使用方，但深究原因也在于中央各部门预算执行管理不规范、内部控制不健全，给资金使用方制造了可乘之机。

（二）预算执行审计的结果统计分析

运用内容分析法进行结果分析。参考李钢、蓝石（2007）的研究，可将其归纳为如下几个主要阶段：第一，衡量分析项目文本的客观目标，判断分析对象是否属于合适的（按照要求被分类、用于比较内容）文本资料，并确保能够获取这些用于分析的目标资料；第二，经过仔细筛选，从文本中划分出用于进行内容分析的材料和需要进行样本抽样的材料；第三，将文本材料划分成独立的分析单元，进行编码记录；第四，按照材料内容和研究重点进行类目设定，设置编码目录，同时对编码原则进行合理量化和规定；第五，利用手工或借助计算机对文本完成编码，统计内容分析结果。另外，在整个测试和完成编码的过程中，必须随时进行检验以保证分析结果的可靠性。

这种研究方法最早用于研究二战时期的军事情报，现今已在政治学、传播学与管理学等许多领域得到广泛应用，内容分析法适用于分析各类司法条文、会议记录、政府工作报告等。

西方学者在 20 世纪末期将"3E"法则作为公共支出绩效评价的基本标准，即衡量公共支出是否具有经济性（economy）、效率性（efficiency）、效果性（effectiveness），该法则也被审计机关用作实施绩效审计的基础。当前国内制度建设并不完善，合规性和真实性仍是审计机关需要重点关注的内容，因此"3E"评价都是在真实性和合规性评价的基础上展开（黄溶冰和赵谦，2012）。本文将真实性、合规性、经济性、效率性、效果性设置为分析类目，同时对每一分析类目的具体特征进行定义，并以文本对象为基础归纳出能够体现类目特征的主题词。类目体系与主题词具体如表 3-4 所示。

表 3-4　　　　　　　　　问题评价类目体系

序号	分析类目	特征	主题词
1	真实性	记录的事项真实发生	重复申报、套取资金、截留占用、改变资金用途、虚假列支、虚假编制报告、转嫁费用、少计资产权益、预算编报及核算不准确、报表填列错误
2	合规性	经济活动遵循法律、法规和现有规章制度	未按规定使用、未经批准违规收费、自行调剂项目、依托权力不当谋利、经费使用未纳入计划、超范围拨款、超预算级次拨款
3	经济性	以最低费用取得一定质量的资源	损失浪费、资金限制、成本超支、超预算、超投资
4	效率性	高投入产出比	未达到计划水平、运行效率低、资源共享程度低、系统使用范围局限、批复不及时、未及时到位或拨付
5	效果性	项目或计划预期目标的实现程度	未完成预期目标、制度和标准不完善、管理不规范、管理规范使用不严格、管理规定执行不严格、计划执行不到位

运用内容分析方法，选择自然编码方式，将审计工作报告"中央部门预算执行审计"栏目中、与表 3-4 中所定义特征相关的词汇作为主题词，据以对审计结果情况实行量化标记。主题词需要联系上下文才能更准确地判断其归属的

类目,因此将中央部门预算执行审计结果公告按照标题、段落或句子划分成若干有效语干,以每一个语干作为一个分析单元,而后对它们编码,记录其出现次数,得出各分析类目的出现频次。整个编码过程中,遵循详尽、独立与互斥的原则。具体编码表如表3-5所示。

表 3-5　　　　　　　　编码表示例

国务院关于2015年度中央预算执行和其他财政收支的审计工作报告
《2016年6月29日在第十二届全国人民代表大会常务委员会第二十一次会议上》
一、中央决算草案和预算执行审计情况
(一)……
(二)……
(三)中央部门预算执行审计情况
1. 违规套取和使用资金问题还时有发生(合规性)
2. 基本支出挤占项目支出、人员经费挤占公用经费(真实性)
3. 有的部门和所属单位利用部门权力或影响力取得收入(合规性)
4. 有的部门和单位执行"三公"经费和会议费等制度未完全到位(效果性)
……
二、重点专项审计情况
……

资料来源:同表3-1。

从2006年至2015年的10份审计工作报告中,共筛选出278条有效语干,其中涉及相关分析类目的累计频次为284次。对各年披露的主要问题的类目分析结果进行统计,具体情况如图3-2所示。

分析类目	总计	
	频次	占比(%)
真实性	82	28.87
合规性	105	36.97
经济性	14	4.93
效率性	18	6.34
效果性	65	22.89
合计	284	100.00

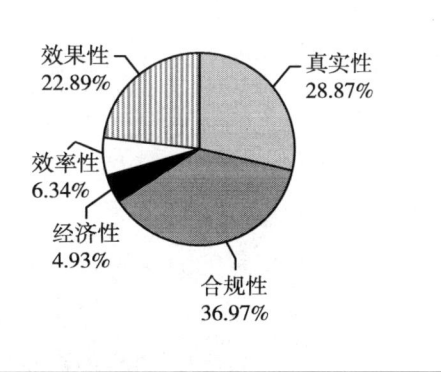

图 3-2　审计工作报告披露的中央部门预算执行问题内容分析

资料来源:同表3-1。

由图 3-2 可知，总体来看，在近十年发现的问题当中，不同分析类目出现的频率并不均匀。其中合规性、真实性、效果性居于前列，分别占比 36.97%、28.87% 和 22.89%。总体频率分布的具体情况如图 3-2 饼状图所示。合规性（36.97%）的占比最高，说明我国预算执行过程仍存在较严重的违法违规行为，比如私存私放资金、设立"小金库"、"三公"经费和会议费违规申报等。真实性（28.87%）位居第二，表明挤占挪用、虚假申报、截留占用、虚假列支等现象比较严重，问题突显。另外，效果性（22.89%）也占有较大的比例，表明预算执行还存在较严重的管理不规范、内部控制存在缺陷等。数据还显示，经济性（4.93%）与效率性（6.34%）问题频率非常低，部分原因可能是审计机关尚缺乏评价经济性、效率性的有效技术工具。

按照时间趋势，将 2006~2015 年各类目出现的频次进行分年度汇总，如表 3-6 所示，表中百分比显示某分析类目占当年分析类目总数的比例。

表 3-6　　审计工作报告披露的中央部门预算执行问题内容分析　　单位：%

分析类目		2006年	2007年	2008年	2009年	2010年	2011年	2012年	2013年	2014年	2015年
合规审计	真实性	44.12	29.03	35.71	32.14	21.21	11.76	21.88	40.43	21.43	15.00
	合规性	38.24	29.03	21.43	25.00	27.27	41.18	34.38	42.55	46.43	65.00
	合计	82.35	58.06	57.14	57.14	48.48	52.94	56.25	82.98	67.86	80.00
绩效审计	经济性	8.82	6.45	0.00	7.14	0.00	0.00	9.38	4.26	0.00	10.00
	效率性	2.94	16.13	7.14	10.71	9.09	0.00	0.00	4.26	10.71	0.00
	效果性	5.88	19.35	35.71	25.00	42.42	47.06	34.38	8.51	21.43	10.00
	合计	17.65	41.94	42.86	42.86	51.52	47.06	43.75	17.02	32.14	20.00

资料来源：同表 3-1。

由表 3-6 可知，2006~2015 年间，问题最突出、审计部门关注最多的仍然是合规性与真实性问题，且近三年来这两类问题的所占比例逐年升高。预算执行的绩效审计，注重考察预算内资金的计划和运用是否合理、恰当且有效益，以及资金管理与监督制度是否完善。

参照已有文献的分类方法，将真实性与合规性合并划归为合规审计问题，将经济、效率、效果这三种性质问题合并划归为绩效审计问题。前者偏向于关注中央各部门的收支活动，重点核查各部门会计计量与各项纪录是否属实、准确，后者关注绩效管理问题。结合表 3-6 中占比数量的统计结果，用折线图区别显示两种类型审计的变化趋势。

第三章 我国财政预算审计监督的现状考量

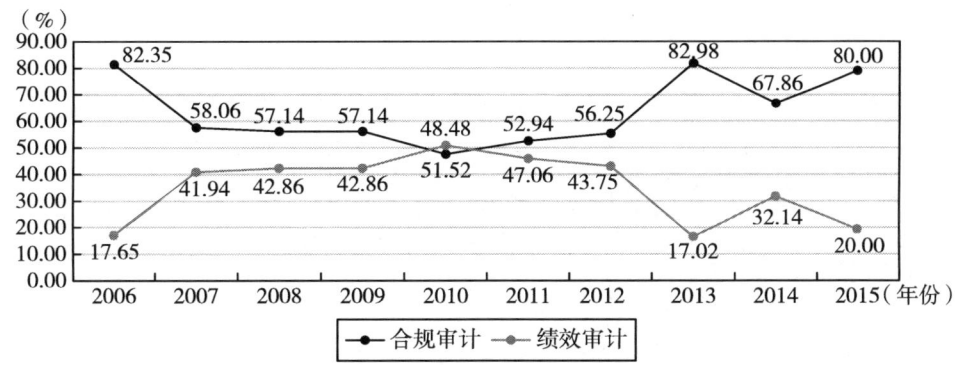

图 3-3　审计工作报告披露的中央部门预算执行问题内容分析趋势

资料来源：同表 3-1。

如图 3-3 所示，代表合规审计与绩效审计的折线分别呈现出凹型和凸型的特征。总体来看，合规审计一直保持着较高的比例，基本上均达到 50% 以上，且近三年持续攀升。绩效审计方面，在 2009~2011 年间占比较高，2010 年一度超过合规审计的比例。之所以呈现拐点变化的趋势，可能是由于从 2006 年开始，审计机关逐步推进绩效审计工作，加大对财政预算管理绩效问题的关注和审查。从 2012 年开始，随着中央八项规定的出台以及反腐败工作的实践，审计机关目前的主要任务，放在违法违纪问题的查找与识别方面，导致绩效审计稍显不足。但值得注意的是，合规审计发现的问题仍然反复出现，并未得到有效解决。

（三）分析结论

近年来，审计署检查违法违纪问题的力度持续加大，然而财政预算管理仍有"顽疾"。合规审计屡审屡犯的现象说明，预算执行中存在的问题，并非局限于各预算单位对于预算工作的整改态度不端正、力度不足等方面，而是反映出深层次的体制机制问题。审计机关需要不断总结经验，综合各方面意见建议，提出建设性的改革措施和办法，以实现包容性增长框架财政预算审计监督一体化的改革目标。

1. 关注绩效审计

根据包容性增长发展框架的要求，结合国外政府公共管理特别是财政预算管理的改革趋势，从长远来看，绩效审计必将是我国财政预算审计监督系统发展的必然结果和高级阶段。遗憾的是，目前绩效审计实践缺乏技术支持，在绩效审计目标、对象、流程、方法等方面，没有较为系统全面的理论认识。因此，有必要借鉴国外先进经验，结合现阶段各部门预算单位的实际情况，制定出适合我国现状的财政预算绩效审计技术指南。

2. 完善政府内部控制

要想从源头上解决合规性问题,促使财政预算审计监督向绩效审计高级阶段跃迁,健全的政府部门内部控制是根本性制度保障。确保政府各项活动合法合规、财务信息真实可靠,本身就是政府部门自身应当承担的会计责任。

当然,除建立健全政府内部控制以外,调整我国行政型审计监督的模式,增强财政预算审计监督的独立性、权威性,也是提升审计监督效率效果、确保审计发现及建议得以贯彻落实的重要前提。

3. 加强信息透明度

现阶段,我国虽然已有审计结果公告制度但并未强制执行,审计结果公告的比重不高。预算执行审计完成情况和发现的问题披露不充分,导致社会公众无法及时充分掌握审计监督信息,难以有效行使监督权力,大大影响审计监督的效率效果。因此,审计机关应当加大审计工作结果、特别是各部门预算执行审计结果的公告力度和详尽程度,着重披露财政资金使用中的违法违规、决策不合理、低效滥用的现象,以及预算单位的后续整改情况,以满足人民群众的知情权,更好地发挥信息使用者的社会监督作用。

第二节 我国财政预算审计监督主体的绩效评价

审计署自 1983 年 9 月正式成立以来,在保障国民经济正常运行等方面发挥了重要的监督作用。但是,谁来监督监督者,其自身的绩效如何,随着社会进步成为新的焦点。

评价审计机关自身绩效、实现自我完善与提高,一方面有助于促进财政预算审计监督系统向高级阶段的跃迁,另一方面也有助于审计机关发挥表率示范作用,成为行政部门的典范组织,顺利推进预算管理和审计监督的同步绩效改革。

一、前期的文献述评

西方发达国家以审计机关为实施主体的政府绩效评价开展情况较好,相关研究文献较为丰富，集中于以下三个方面：

一是政府绩效评价的法制化。1982年英国政府颁布的《地方政府法》和《国家审计法》为英国国家审计署和其他专业机构开展政府绩效审计和评价提供了法律依据。1993年，美国出台《政府绩效与结果法案》，以立法的形式确立了美国政府公共部门的绩效评价与管理制度。作为公共服务部门之一，会计总署自2000年开始每年进行自我绩效评价，并于年底向社会公开绩效结果报告。澳大利亚根据1994年修订的《公共服务法案》建立"公共服务和业绩保护委员会"，以评价政府部门绩效，发布绩效评价结果。新西兰根据1912年的《公共服务法案》建立了直属首相的国家服务委员会，统一负责政府部门的绩效评价。

二是政府绩效评价的角色和作用。Hepworth（1995）认为，市场机制无法评价政府部门和公共组织所提供公共服务的经济性、效率性以及效果性。政府绩效评价可以作为市场机制的补充，对公共服务进行评价。Halachmi（2002）提出，要理性、客观地评价政府绩效，排除外界政治因素的干扰，避免"功能失调"的现象。

三是政府绩效评价的方法。政府绩效评价的定性分析方法包括平衡计分卡、绩效棱柱、六西格玛、盈利能力分析等。Kaplan和Norton（1992）认为，平衡计分卡既适用于一般营利机构，也适合于非营利的事业机关。定量分析常用的方法有模糊综合评价法、数据包络分析等方法。

国内与审计机关绩效评价相关的文献主要有以下三个方面：

第一，政府公共部门的绩效评价。随着改革开放的深入，国家需要以转变政府职能、提高公共服务质量为核心的行政改革。绩效评价作为行政改革尤其是政府治理的战略性工具，国内许多学者对其进行了深入的研究。例如从行政文化的角度对政府绩效评价价值取向进行分析，认为政府绩效评价应以增长与公平、民主与秩序这两对变量为价值取向。彭国甫和盛明科等（2004）对政府绩效评价的流程和实施方案进行了研究，认为政府绩效评价应包含三个阶段，即评价准备、评价实施和评价运用，并指出评价运用阶段尤为重要。郑方辉和尚虎平（2016）主张弘扬绩效文化，以绩效评价促进法治政府建设。

第二，绩效评价与政府审计间的关系。温美琴和胡贵安（2007）认为政府绩效评价与政府审计之间存在十分紧密的客观联系，具体表现为：产生背景一致性，都与凯恩斯国家干预主义的兴起和公民的民主意识提升有关；兴起原因一致性，都受到新公共管理运动和建立"服务型"政府的推动；内容目标统一性，都关注政府行为的经济性、效率性与效果性以实现政府绩效优化和明确政府责任。温美琴和徐卫华（2009）也提出，由于我国政府部门的公共支出是由财政部门与审计机关共同组织实施绩效评价，我国审计机关实施的绩效审计是政府绩效评价的重要组成部分。卓越和吴盛光（2006）则把绩效评价定位为绩效审计的一种新策略、关键性工具，在理论基础、现实经验、制度平台以及方法体系上构筑了绩效审计的工具大厦。

第三，政府审计的绩效问题。相关研究可以分为两类。一类是围绕政府审计绩效的理论研究。冯均科（2008）提出审计机关是国家政治体系的组成部分，既然存在"政府失灵"，同样也可能出现"审计失灵"，即表现为审计制度配置的低效率，审计机关偏离预设的目标，并认为审计失灵是国家审计"负绩效"的根源。郭大荣（2013）对政府审计的绩效评价指标体系的建立进行了分析。王秀明和项荣（2013）立足我国政府审计绩效评估的现状，分析归纳了当前政府审计绩效评价面临的主要问题，并提出相关建议。另一类是有关政府审计绩效的实证研究。李素利（2013）研究发现，人员素质因素、政治因素、法律因素、经济因素以及信息因素与政府绩效审计之间具有正相关关系。宋常和胡家俊等（2006）以1983～2002年间省级面板数据为研究对象，发现政府审计绩效与当地经济发展水平具有相关关系。我国政府绩效审计在实践应用中与预期目标的背离引发了对我国政府绩效审计应用乏力的反思。

由上可知，政府绩效评价方面的文献较多，研究绩效审计的文献也不少。但是，以审计机关为研究对象、考察其绩效的研究相对不足。审计监督也需要关注资源配置的问题。综上，拟根据数据包络分析法（Data Envelopment Analysis，DEA）[①]，以2011～2013年的18个特派办为研究对象，考察其审计绩效，为我国政府审计绩效提供数据支持。

二、模型指标和数据

要评估审计机关的绩效，就必须依靠一定的分析框架和评估方法。各个学科对资源配置以及投入产出效率的评价一般依赖于成本前沿函数。目前文献中主要有两种方法利用成本前沿函数进行效率估计，一种是基于计量模型的参数

---

① 课题组2010年尝试采用此方法评价审计机关的工作绩效，发表于2011年的财政研究杂志。在撰写结项报告期间，对有关数据进行了更新。

估计法，另一种是基于线性规划的非参数估计方法。两种方法各有优缺点和适用范围，这里拟用非参数估计法中的 DEA 模型分析法对审计机关绩效进行评估。

数据包络分析中，每个投入和产出组合代表着一个决策单元（Decision Make Unit，DMU），全面考察其投入产出率，找到提供相同服务的最有效率的投入产出组合，即构成有效生产前沿面，继而判断各 DMU 是否 DEA 有效，还可进一步提供效率改善的建议。应用步骤如图 3-4 所示：

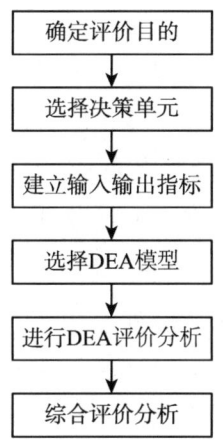

图 3-4 DEA 方法的应用步骤

（一）指标的定义

1. 输入输出指标

（1）指标选取的原则。

由于绩效评价本身的复杂性，输入输出指标的确定没有明确的通用标准，再加上 DEA 方法本身对指标数量的限定，都增加了指标选取的难度。大量前期研究认为，如果指标选取过多可能导致多数被评价对象 DEA 有效，失去意义；指标过少则可能导致反映的信息不全面。

总体而言，指标选取的原则有：第一，目的性。从评价目标出发，选取适当的指标。第二，全面性。指标体系要能全面地体现评价目标。第三，代表性。需考察指标间的相关性，避免造成指标的重复。第四，精简性。即指标的数量不宜过多。

（2）指标选取的依据。

拟尝试运用 DEA 方法，建立相对客观的绩效评价指标体系，对审计署下属 18 个审计特派办的绩效进行评价，比较其绩效差异，并对其日后的绩效改进提出建议。根据评价目的本章选择了全国18个审计特派办作为评价对象，DMU模型运用有一个必要条件是DMU个数不小于评价指标个数的3倍，最终本章选取了2个投入指标、3个产出指标，$2 \times 3 \times 3 = 18$ 符合Cooper关于指标个数的限制。

（3）指标体系的确定。

依据选取原则和依据，确定了审计署18个审计特派办绩效的输入输出指标体系。

投入指标的确定。采取有编制的员工人数作为劳动力投入，用科室的数量作为资本的投入指标①。对投入进行考察时，通常涵盖劳动力和资本两种类型的投入。广泛应用的C－D函数一般形式为 $Q = aL^{\alpha}K^{\beta}$，将劳动力和资本作为投入。

产出指标的确定。能够衡量产出的指标主要有审计决定处理处罚金额、移交案件数、提交工作报告和信息简报篇数。其中审计决定处理处罚金额以审计发现的违规金额来衡量，审计移送案件数也是衡量审计机关产出水平的一个关键指标，可与金额指标互补。体现审计机关信息沟通绩效的指标有很多，由于指标个数和数据披露的限制，选取了每年提交工作报告和信息简报篇数来衡量。综上，研究构建的指标体系如表3－7所示。

表3－7　　　　　　　　　　　输入输出指标

输入指标	输出指标
X_1：在编人数	Y_1：审计决定处理处罚金额
X_2：科室数目	Y_2：审计移送案件数
	Y_3：提交工作报告和信息简报篇数

2. 评价结果指标

在DEA模型的效率框架中，有综合效率、技术效率以及规模效率之分。研究首先对各特派办总技术效率进行整体分析评价，继而区分技术效率和规模效率进行考察。技术效率用来衡量定量投入下产出的效果；规模效率用来衡量投入的效果。追加投入到一定数量后，持续追加反而可能导致规模效益的递减。

对于这三种效率的区别，如图3－5所示。CRS和VRS分别代表规模报酬不变和可变的生产前沿。假设D点代表决策单元的投入产出状况，那么AB与AD

---

① 审计特派办的财政预算金额无法获取，故选用此指标替代，可能导致研究结论不够准确、全面。

的比值表示 DMU 的 TE，AC 与 AD 的比值表示 DMU 的 PTE，AB 与 AC 的比值表示 DMU 的 SE。由此可知，TE = PTE × SE，即决策单元的总效率可分解为纯技术效率和规模效率两个方面，二者相乘即为总效率。

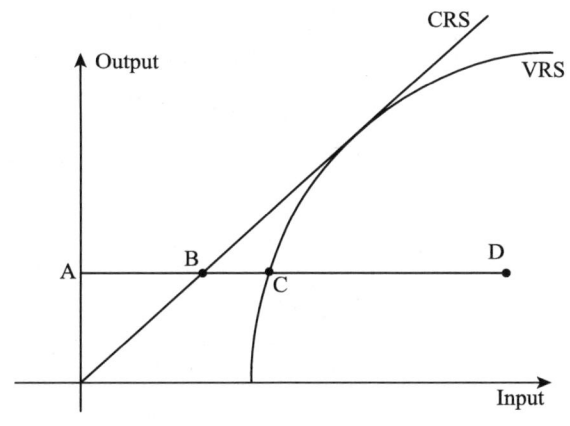

图 3-5　规模效率图

（二）模型的建立

1. DEA 模型的基本原理

DEA 根据线性规划原理找出全部 DMU 的生产前沿，进而依照每个 DMU 与生产前沿面的距离来评估每个 DMU 的效率，处在生产前沿面上的 DMU 就是 DEA 有效的。

如图 3-6 所示共有 A、B、C、D 四个 DMU，每点代表一个投入产出的组合。

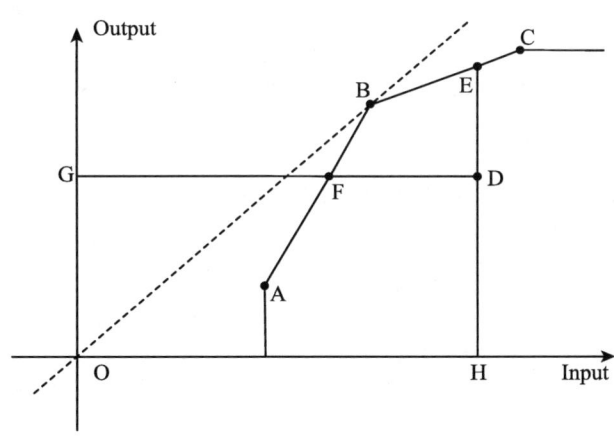

图 3-6　投入产出图

根据 DEA 中的 BCC 模型，生产前沿面就是 A、B、C 所构成的曲线，处在该曲线以下的区域都是 DEA 无效的点。若选用投入导向的 DEA 模型，那么生产前沿面就代表既定产出量下，投入量最小的。在图 3－4 中，D 点与生产前沿面之间相对位置的距离就表示 D 点的无效率程度。在投入导向下，D 点的效率值就是 FG/DG，而在产出导向下，D 点的效率就是 DH/EH。

接下来介绍 DEA 分析的两个常用模型，CCR 模型和 BCC 模型。CCR 模型注重评价 DMU 的综合效率，BCC 模型则注重评估 DMU 的技术效率和规模效率。

2. CCR 模型

假设对 n 个决策单元（DMU）进行投入产出的效率评价。考虑第 i 个决策单元 DMU_i 利用 P 类投入，对应一组投入向量 $X_i = (x_{1i}, x_{2i}, \cdots, x_{pi})^T$，得出 Q 类产出，对应产出向量为 $Y_i = [y_{1i}, y_{2i}, \cdots, y_{qi}]$。各决策单元的投入数据和产出数据由 x_{pi}, y_{qi} 表示：

$x_{si} = DMU_i$ 对第 s 种投入的输入量，$x_{si} > 0$；

$y_{ti} = DMU_i$ 对第 t 种产出的输出量，$y_{ti} > 0$；

$v_s =$ 对第 s 种投入的一种度量；

$u_t =$ 对第 t 种产出的一种度量；

$s = 1, 2, \cdots, p; t = 1, 2, \cdots, q; j = 1, 2, \cdots, n$

分别记为：

$X_i = (x_{1i}, x_{2i}, \cdots, x_{pi}), i = 1, 2, \cdots, n$

$Y_i = (y_{1i}, y_{2i}, \cdots, y_{qi}), i = 1, 2, \cdots, n$

$v_s = (v_1, v_2, \cdots, v_p)^T$

$u_t = (u_1, u_2, \cdots, u_q)^T$

这里，x_{si}、y_{si} 为已知的数据，非变量；v、u 分别为与 p 种投入和 q 种输出相对应的权系数，是变量。每个决策单元都有相应的效率评价指数 $h_i = \dfrac{\sum_{t=1}^{q} u_t y_{qi}}{\sum_{s=1}^{p} v_s x_{pi}}$，$i = 1, 2, \cdots, n$，找到合适的权系数 v、u 使得 $h_i \leq 1$。这样构成了下列的最优化模型：

$$\left\{ \max \dfrac{\sum_{t=1}^{q} u_t y_{qi}}{\sum_{s=1}^{p} v_s x_{pi}} = h_{i_0} \right.$$

$$\begin{cases} \dfrac{\sum_{t=1}^{q} u_t y_{qi}}{\sum_{s=1}^{p} v_s x_{pi}} \leq 1, i = 1,2,\cdots,n \\ v_s = (v_1, v_2, \cdots, v_p)^T \geq 0 \\ u_t = (u_1, u_2, \cdots, u_q)^T \geq 0 \end{cases}$$

上列分式规划问题即 CCR 模型，通过变换其可化为一个等价的线性规划形式，表述为：

$$\begin{cases} \min \theta_i \\ \sum_{i=1}^{n} \lambda_i y_i \geq y_{i_0}, i = 1,2,\cdots,n \\ \sum_{i=1}^{n} \lambda_i x_{pi} \leq \theta_i x_{i_0}, i = 1,2,\cdots,n \\ \lambda_i \geq 0, i = 1,2,\cdots,n \end{cases} \quad (3-1)$$

上面的对偶规划即 CCR 模型，线性规划求得的最优值 θ 就是我们所研究的 DMU_{i0} 的技术效率值。若 $\theta < 1$ 则该 DMU 无效率，其要素输入量有浪费，需根据 $1 - \theta$ 的比例降低投入；若 $\theta = 1$ 则表示该 DMU 有效。求出所有 DMU_i 的 θ 值，则获得各 DMU 技术效率的状况。

3. BCC 模型

自从 Cooper 和 Rhodes 开发基于不变规模报酬（CRS）的 CCR 模型以来，研究者们对 DEA 分析技术不断地加以改进。为了能将可变规模报酬生产技术纳入 DEA 分析方法中来，Banker 等又开发了可变规模报酬的 BCC 模型。BCC 模型将规模因素纳入其中，认为无效不仅来自于投入产出因素外，还可能来源于规模因素。纳入规模因素，可为规模相关的决策提供参考。BCC 模型对 CCR 模型增加了对权重 λ_i 的凸性约束：$\sum_{i=1}^{n} \lambda_i = 1$，线性规划形式为如下：

$$\begin{cases} \min \theta_i \\ \sum_{i=1}^{n} \lambda_i y_i \geq y_{i_0}, i = 1,2,\cdots,n \\ \sum_{i=1}^{n} \lambda_i x_{pi} \leq \theta_i x_{i_0}, i = 1,2,\cdots,n \\ \lambda_i \geq 0, i = 1,2,\cdots,n \end{cases} \quad (3-2)$$

相应的生产可能集为：

$$T_1 = \{(X,Y) \mid \sum_{j=1}^{n} \lambda_i X_j \leq \theta X_{j_0}, \sum_{j=1}^{n} \lambda_j = 1, \lambda_j \geq 0, j = 1, \cdots, n\}$$

T_1 是由生产可能集的公理体系计算确定的。其中，X_{j_0} 代表被考察的 j_0 个决策单元的投入向量，Y_{j_0} 代表被考察的 j_0 个决策单元的产出向量，θ 表示其技术效率值。λ_j 为权重，$\sum_{i=1}^{n} \lambda_i \leq 1$ 表示规模收益递减，$\sum_{i=1}^{n} \lambda_i \geq 1$ 表示规模收益递增，$\sum_{i=1}^{n} \lambda_i = 1$ 表示规模收益不变。该线性规划表示各决策单元以最小投入实现既定产出的程度。

然而，有研究者也指出，经典的 DEA 分析方法将任何与生产前沿面的偏离都看作是内部无效率的表现，而没有考虑决策单元所处的外部环境、数据的测量误差以及投入产出衡量的不完全等因素的影响。因此，DEA 效率得分可能偏离实际水平，或高或低。更有研究者指出，这一缺陷在评价公共部门的支出效率时显得尤为突出，因为外部环境是决定公共服务需求的主要因素，如不控制这一因素的影响，分析结果将会大大偏真实情况。为了弥补这一缺陷，后来的研究者们又开发了四阶段 DEA 方法，以及二次相对效益模型。这些方法的优点各不相同，但它们有一个共同点，就是都考虑了客观环境对决策单元可能带来的影响。

4. 适用性分析

生产函数是在既定的生产技术条件下，生产者处于最优状态所能生产的最大"产量"。生产函数适用于分析多投入单产出的生产单位有效性，而政府部门的投入和产出往往都是多维度的，这样当需要描述多投入多产出之间的关系以及生产有效性时，生产函数就失去了作用，这个时候以数据包络分析方法为代表的一系列非参数估计法反而有更好的适用性。具体到审计机关来说，在无法获得审计机关的资源投入产出函数且审计机关的投入产出都是多维度的情况下，通过建立生产可能集可以直接利用审计机关的产出与投入数据，计算相对效率，评价其审计绩效。

进一步地，DEA 模型还具有一些特性能适用于审计机关的绩效评价，例如，在审计部门的绩效评价标准中，一直遵循"3E"原则即效率性、经济性、效果性，效率性即意味着既定投入的产出最大化，经济性即意味着既定产出的投入最小化，而 DEA 模型的计算中对于投入导向型和支出导向型的选择与评价标准中效率性和节约性正好契合。最关键的是 DEA 是一个不断改进的模型体系，自

1978 年 Cooper 和 Rhodes 提出数据包络分析模型以来,已形成了完整的投入产出效率分析体系,但至今它仍在被不断地丰富,也就是说随着对被评价对象研究的深入,模型对评价对象的适用性将不断提高。

(三) 数据的说明

我国审计机关包括中央和地方两个级别。为了避免经济发展不均衡对结果的干扰,参照李璐和夏昱 (2011) 的做法,选取中央审计机关下属驻各地的 18 个特派办为对象。各特派办的投入产出数据来源于《中国审计年鉴》的手工搜集。其中,能从《中国审计年鉴》中获得的最新的数据为 2013 年,因此本章选取的研究对象时间跨度为 2011~2013 年。

三、实证结果的分析

(一) 横向的截面分析

利用 BCC 模型对 2011~2013 年度 18 个审计特派办的总技术效率 (TE)、纯技术效率 (PTE) 以及规模效率 (SE) 进行分析,并分析各自所在的规模报酬区间,结果如表 3-8~表 3-10 所示。

表 3-8   2011 年度总技术效率、纯技术效率、规模效率及规模报酬区间

序号	审计特派办	TE	PTE	SE	区间
1	京津冀特派办	0.848	0.849	1.000	Crs
2	太原特派办	0.971	0.972	0.999	Irs
3	沈阳特派办	1.000	1.000	1.000	Crs
4	哈尔滨特派办	1.000	1.000	1.000	Crs
5	上海特派办	0.702	0.887	0.791	Irs
6	南京特派办	0.745	0.874	0.853	Irs
7	济南特派办	0.650	0.798	0.814	Irs
8	郑州特派办	1.000	1.000	1.000	Crs
9	武汉特派办	1.000	1.000	1.000	Crs
10	长沙特派办	0.785	0.818	0.959	Irs
11	广州特派办	0.566	0.804	0.705	Irs
12	深圳特派办	0.813	0.966	0.841	Irs

续表

序号	审计特派办	TE	PTE	SE	区间
13	成都特派办	0.738	0.758	0.974	Irs
14	昆明特派办	0.505	0.836	0.604	Irs
15	西安特派办	0.953	0.967	0.986	Irs
16	兰州特派办	0.627	0.785	0.758	Irs
17	长春特派办	0.673	0.798	0.714	Irs
18	重庆特派办	1.000	1.000	1.000	Crs
	均值	0.810	0.904	0.890	

从表3-8可知，TE为1的单位包括沈阳、哈尔滨、郑州、武汉以及重庆特派办，剩下的都是相对无效率的审计单位。总体而言，平均总技术效率是0.810，成本浪费程度达到19%。其中，由于纯技术造成的浪费为9.6%，由于规模因素导致的占11%。三个效率均达到1的单位是整体有效率的，此类单位效率已达到相对最佳水平。

纯粹技术效率达到1、但是规模效率小于1的单位是规模无效率的。此时规模报酬为规模报酬递增，应扩大对其投入规模来改善效率。2011年的18个审计单位均不属于此类。

纯技术无效率型，是指规模效率为1且纯技术效率小于1。此类处于规模报酬递增区间，可通过扩大其投入来提高效率。2011年的这18个审计单位均不属于此类。

纯技术无效率且规模无效率型，是指纯技术效率和规模效率均小于1，无效率是由纯技术无效率和规模无效率共同导致的。2011年，除了沈阳、郑州、武汉、重庆以及哈尔滨特派办，均属于此类。

表3-9　　　　2012年度总技术效率、纯技术效率、规模效率及规模报酬区间

序号	审计特派办	TE	PTE	SE	区间
1	京津冀特派办	0.358	0.688	0.520	Irs
2	太原特派办	1.000	1.000	1.000	Crs
3	沈阳特派办	1.000	1.000	1.000	Crs
4	哈尔滨特派办	0.555	0.868	0.639	Irs

续表

序号	审计特派办	TE	PTE	SE	区间
5	上海特派办	1.000	1.000	1.000	Crs
6	南京特派办	0.872	0.878	0.993	Irs
7	济南特派办	1.000	1.000	1.000	Crs
8	郑州特派办	0.795	0.913	0.871	Irs
9	武汉特派办	0.784	0.860	0.911	Irs
10	长沙特派办	0.530	0.834	0.636	Irs
11	广州特派办	0.551	0.735	0.749	Irs
12	深圳特派办	0.573	1.000	0.573	Irs
13	成都特派办	0.644	0.773	0.833	Irs
14	昆明特派办	0.366	0.786	0.466	Irs
15	西安特派办	0.725	0.881	0.824	Irs
16	兰州特派办	0.557	0.800	0.696	Irs
17	长春特派办	0.887	1.000	0.887	Irs
18	重庆特派办	0.944	1.000	0.944	Irs
	均值	0.733	0.890	0.811	

从表3-9可知，TE达到1的单位包括太原、沈阳、上海和济南特派办，其余均为相对无效率的审计单位。总体而言，平均总技术效率是0.733，成本浪费程度较高，效率需要进一步提升。其中，由于纯技术造成的浪费为11%，由于规模因素导致的占18.9%。三个效率均达到1的单位是整体有效率的，此类单位效率已经达到相对最佳的水平。

纯粹技术效率达到1、但是规模效率小于1的单位是规模无效率的。此时规模报酬为规模报酬递增，应扩大对其投入规模来改善效率。2012年属于此类型的审计单位有深圳、长春以及重庆特派办，这三个审计单位需扩大规模以提升效率。

纯技术无效率型，是指规模效率为1、纯技术效率小于1。此类单位处于规模报酬递增区间，可通过扩大其投入来提高效率。2012年的18个审计单位均不属于此类。

纯技术无效率且规模无效率型，是指纯技术效率和规模效率均小于1，无效率是由纯技术无效率和规模无效率共同导致的。上述三类以外的均归为此类。

表 3-10　　2013 年度总技术效率、纯技术效率、规模效率及规模报酬区间

序号	审计特派办	TE	PTE	SE	区间
1	京津冀特派办	0.635	0.751	0.846	irs
2	太原特派办	0.720	0.943	0.763	irs
3	沈阳特派办	0.766	0.859	0.892	Irs
4	哈尔滨特派办	1.000	1.000	1.000	crs
5	上海特派办	0.483	0.832	0.581	Irs
6	南京特派办	1.000	1.000	1.000	crs
7	济南特派办	0.554	0.850	0.651	Irs
8	郑州特派办	0.663	0.842	0.788	Irs
9	武汉特派办	0.711	0.807	0.881	Irs
10	长沙特派办	0.447	0.829	0.540	Irs
11	广州特派办	0.460	0.806	0.571	Irs
12	深圳特派办	0.539	1.000	0.539	Irs
13	成都特派办	1.000	1.000	1.000	crs
14	昆明特派办	0.731	0.870	0.841	Irs
15	西安特派办	1.000	1.000	1.000	crs
16	兰州特派办	0.469	0.796	0.589	Irs
17	长春特派办	1.000	1.000	1.000	crs
18	重庆特派办	0.623	1.000	0.623	Irs
均值		0.711	0.899	0.784	

从表 3-10 可知，TE 达到 1 的包括哈尔滨、南京、成都、西安以及长春特派办，其余均为相对无效率的审计单位。总体而言，平均总技术效率是 0.711，成本浪费程度达到了 28.9%，需要调节投入提高整体效率。其中，由于纯技术造成的浪费为 10.1%，由于规模因素导致的占 21.6%。三个效率均达到 1 的单位是整体有效率的，此类单位效率已经达到相对最佳的水平。

纯粹技术效率达到 1、但是规模效率小于 1 的单位是规模无效率的。此时规模报酬为规模报酬递增，应扩大对其投入规模来改善效率。2013 年没有属于此类型的审计单位。

纯技术无效率型，是指规模效率为 1、纯技术效率小于 1。此时规模报酬递

增,扩大投入利于效率的提升。2013 年无此类型。

纯技术无效率且规模无效率型,是指纯技术效率和规模效率均小于 1,无效率是由纯技术无效率和规模无效率共同导致的。2013 年除了哈尔滨、南京、成都、西安以及长春特派办这 5 个单位外,其他的均为此类。

接下来,通过 DEAP Version 2.1 软件计算出总技术效率、参考群体及被参考次数。根据总技术效率的高低对各审计单位进行排名。当总技术效率一样时,根据被参考次数排名①,分析结果如表 3 – 11 ~ 表 3 – 13 所示。

表 3 – 11　　2011 年度各审计特派办总技术效率排名

序号	审计特派办	TE	参考群体	参考群体对应权重	被参考次数	排名
1	京津冀特派办	0.848	9、3、18	0.841、0.019、0.140	0	8
2	太原特派办	0.971	9、3、18	0.484、0.061、0.456	0	6
3	沈阳特派办	1.000	3	1	11	2
4	哈尔滨特派办	1.000	3	1	0	5
5	上海特派办	0.702	18、3	0.529、0.471	0	13
6	南京特派办	0.745	18、3	0.588、0.412	0	11
7	济南特派办	0.650	18、3	0.941、0.059	0	15
8	郑州特派办	1.000	8	1	5	3
9	武汉特派办	1.000	9	1	2	4
10	长沙特派办	0.785	3、8、18	0.049、0.304、0.647	0	10
11	广州特派办	0.566	18、3	0.647、0.353	0	17
12	深圳特派办	0.813	8、18	0.199、0.801	0	9
13	成都特派办	0.738	8、18	0.124、0.876	0	12
14	昆明特派办	0.505	18、3	0.765、0.235	0	18
15	西安特派办	0.953	8、3、18	0.435、0.412、0.152	0	7
16	兰州特派办	0.627	18、3	0.941、0.059	0	16
17	长春特派办	0.673	8、18	0.083、0.917	0	14
18	重庆特派办	1.000	18	1	13	1

由表 3 – 11 可知,2011 年沈阳、哈尔滨、郑州、武汉以及重庆特派办的总技术效率均为 1。其中,重庆特派办被其他相对无效率的审计单位参考的次数多

---

① 被参考次数,是指相对有效率的审计单位被相对无效率的审计单位所参考的次数。

达 18 次，因此排名为 1；沈阳特派办被参考的次数为 11 次，排名为 2；郑州特派办被参考的次数为 5 次，排名为 3；武汉特派办被参考的次数为 2 次，排名为 4。

表 3-12　　　　2012 年度各审计特派办总技术效率排名

序号	审计特派办	TE	参考群体	参考群体对应权重	被参考次数	排名
1	京津冀特派办	0.358	12、18、5	0.597、0.400、0.002	0	18
2	太原特派办	1.000	2	1	6	2
3	沈阳特派办	1.000	3	1	3	4
4	哈尔滨特派办	0.555	18、7、5	0.860、0.135、0.005	0	14
5	上海特派办	1.000	5	1	8	1
6	南京特派办	0.872	7、2、18、3	0.030、0.538、0.383、0.049	0	7
7	济南特派办	1.000	7	1	4	3
8	郑州特派办	0.795	5、2、3、18	0.246、0.209、0.208、0.336	0	8
9	武汉特派办	0.784	7、2、3、18	0.229、0.214、0.053、0.504	0	9
10	长沙特派办	0.530	5、12、18	0.225、0.672、0.103	0	16
11	广州特派办	0.551	7、5、18	0.002、0.007、0.991	0	15
12	深圳特派办	0.573	12	1	3	12
13	成都特派办	0.644	2、18、5	0.259、0.713、0.028	0	11
14	昆明特派办	0.366	12、18	0.189、0.811	0	17
15	西安特派办	0.725	5、2、18	0.318、0.187、0.495	0	10
16	兰州特派办	0.557	2、18、5	0.101、0.898、0.001	0	13
17	长春特派办	0.887	17	1	0	6
18	重庆特派办	0.944	18	1	11	5

由表 3-12 可知，2012 年太原、沈阳、上海以及济南特派办的总技术效率均达到 1。其中，上海特派办被其他相对无效率的审计单位参考的次数多达 8 次，因此排名为 1；太原特派办被其他相对无效率的审计单位参考的次数多达 6 次，排名为 2；济南特派办被其他相对无效率的审计单位参考的次数为 4 次，排名为 3；沈阳特派办被其他相对无效率的审计单位参考的次数为 3 次，排名为 4。

需要提及的是,被参考的审计单位并非均是总技术效率达到 1,只要纯技术效率达到 1,就有可能成为被参考对象。例如重庆特派办,总技术效率为 0.944,被参考次数却达到 11 次。此类状态下,总技术效率未达到 1 是因为规模造成的,需要调整规模。

表 3-13　　2013 年度各审计特派办总技术效率排名

序号	审计特派办	TE	参考群体	参考群体对应权重	被参考次数	排名
1	京津冀特派办	0.635	15、17、12	0.023、0.974、0.002	0	11
2	太原特派办	0.720	6、17	0.132、0.868	0	8
3	沈阳特派办	0.766	17、6	0.985、0.015	0	6
4	哈尔滨特派办	1.000	4	1	3	3
5	上海特派办	0.483	15、18	0.322、0.678	0	15
6	南京特派办	1.000	6	1	3	3
7	济南特派办	0.554	4、17、12、18	0.187、0.052、0.755、0.007	0	13
8	郑州特派办	0.663	4、15、12、18	0.056、0.392、0.115、0.436	0	10
9	武汉特派办	0.711	4、17、12、18	0.419、0.302、0.172、0.107	0	9
10	长沙特派办	0.447	15、18	0.303、0.697	0	18
11	广州特派办	0.460	15、17、12、18	0.112、0.064、0.449、0、376	0	17
12	深圳特派办	0.539	12	1	6	14
13	成都特派办	1.000	13	1	0	5
14	昆明特派办	0.731	6、17	0.088、0.912	0	7
15	西安特派办	1.000	15	1	5	2
16	兰州特派办	0.469	17、12	0.140、0.860	0	16
17	长春特派办	1.000	17	1	8	1
18	重庆特派办	0.623	18	1	0	12

由表 3-13 可知,2013 年哈尔滨、南京、成都、西安以及长春特派办的总技术效率达到 1。其中,长春特派办被其他相对无效率的审计单位参考的次数多达 8 次,因此排名为 1;西安特派办被其他相对无效率的审计单位参考的次数多

达 5 次，排名为 2；哈尔滨特派办以及南京特派办被其他相对无效率的审计单位参考的次数均为 3 次，排名为并列第 3。

（二）纵向的趋势分析

1. 综合效率的排名趋势分析

由表 3-14 可知，2011~2013 年，呈上升趋势的审计单位包括南京、成都、昆明以及长春特派办。长春特派办，从 2011 年的第 14 名上升到 2013 年的第 1 名，上升幅度最大；昆明特派办从 2011 年的第 18 名上升到 2013 年的第 7 名，上升趋势次之；南京特派办从 2011 年的第 11 名上升到 2013 年的并列第 3 名；成都特派办从 2011 年的第 12 名上升到 2013 年的第 5 名。

呈下降趋势的审计单位包括沈阳、郑州、长沙、深圳以及重庆特派办。长沙特派办从 2011 年的第 10 位下降到 2013 年的第 18 位，下降趋势最为明显；郑州特派办从 2011 年的第 3 名下降到 2013 年的第 10 名，下降趋势次之；深圳特派办从 2011 年的第 9 名下降到 2013 年的第 14 名；沈阳特派办从 2011 年的第 2 名下降到 2013 年的第 6 名。其余审计单位的效率也都有所变化，但是变化趋势比较平缓。

表 3-14　　　　各审计特派办历年总效率排名

单位	2011 年	2012 年	2013 年	趋势
京津冀特派办	8	18	11	↓↑
太原特派办	6	2	8	↗↓
沈阳特派办	2	4	6	↘↘
哈尔滨特派办	5	14	3（并列）	↓↑
上海特派办	13	1	15	↑↓
南京特派办	11	7	3（并列）	↗↗
济南特派办	15	3	13	↑↓
郑州特派办	3	8	10	↘↘
武汉特派办	4	9	9	↘→
长沙特派办	10	16	18	↓↓
广州特派办	17	15	17	↗↘
深圳特派办	9	12	14	↘↘
成都特派办	12	11	5	↗↑
昆明特派办	18	17	7	↗↑

续表

单位	2011年	2012年	2013年	趋势
西安特派办	7	10	2	↘↑
兰州特派办	16	13	16	↗↘
长春特派办	14	6	1	↑↗
重庆特派办	1	5	12	↘↓

注：↑：排名上升大于5位；↗：排名上升小于或等于5位；→：排名未发生变化；↘：排名降低小于或等于5位；↓：排名降低大于5位。

2. 单项效率指标的趋势分析

（1）总技术效率、纯技术效率、规模效率平均值及趋势图。

以年度综合效率为研究对象，统计了2011～2013年每年效率的平均值，如表3-15所示。表3-15表明，2011～2013年的总技术效率的平均值是0.751，整体而言，有24.9%的平均成本浪费。纯粹技术效率平均值为0.898，规模效率平均值是0.828，说明总体浪费中有10.2%来源于纯技术，17.2%来源于规模。此外，2011年的平均总技术效率为0.810，2012年的平均总技术效率为0.733，2013年的总技术效率为0.711，这三年间的总技术效率呈现逐年降低的趋势。2011年平均纯技术效率为0.904，规模效率为0.890；2012年平均纯技术效率为0.890，规模效率为0.811；2013年平均纯技术效率为0.899，规模效率为0.784。这三年间，规模效率均低于纯技术效率，表明总技术无效率的因子主要是源于规模无效率，需调整审计规模以提升审计绩效。

表3-15　　总技术效率、纯技术效率以及规模效率平均值

年度	总技术效率	纯技术效率	规模效率
2011	0.810	0.904	0.890
2012	0.733	0.890	0.811
2013	0.711	0.899	0.784
均值	0.751	0.898	0.828

（2）规模报酬统计分析。

将不同年度整体规模报酬的平均结果进行汇总，如表3-16所示。表3-16显示，2011年处于规模报酬递增阶段的审计单位有12个，2012年为14个，2013年为13个，三年总计39个，平均占比达到72.22%；2011年处于固定规模

报酬的单位有 6 个, 2012 年有 4 个, 2013 年有 5 个, 三年总计 15 个, 平均占比 27.78%; 2011~2013 年间均无单位处于规模报酬递减阶段。可知, 就审计特派办来说, 审计无效率主要是由于审计资源不足, 需优化资源配置、扩大审计规模。

表 3-16　　　　　　　　　　规模报酬统计分析

区域	2011 年	2012 年	2013 年	总和（年）	百分比（%）
规模报酬递增	12	14	13	39	72.22
规模报酬不变	6	4	5	15	27.78
规模报酬递减	0	0	0	0	0
总和	18	18	18	54	100

（三）研究结论与局限

审计监督是政府治理的重要手段, 也是民主法制建设中不可或缺的工具。需求无限而审计资源有限, 审计机关应当找出导致其低效率的原因, 及时进行调整, 提高其工作效率。长远而言, 审计单位的绩效评价需要通过立法的方式将其固定下来, 规范化、常态化。当然, 这也取决于政治制度和政府管理工作的深度改革, 取决于绩效预算、绩效评价在公共领域的大力推行和实施。在目前缺乏法律法规要求的情况下, 作为监督政府部门的监督者, 审计机关可以先行一步, 主动实施自我绩效评价, 发挥表率和示范作用。

从分析结果来看, 2011~2013 年, 18 个审计署特派办平均成本效率为 75%, 尚存在审计资源浪费的现象。未来可以考虑从三方面着手, 以改善技术管理、提升综合效率。一是人力资源的管理。建设高素质的审计人员队伍。从招募、岗前培训、后续教育、绩效考核、薪酬晋升等方面, 加强人力资源管理。在培养方向上, 由单一的会计审计人员, 转化为以项目评估为主, 涉及会计审计、政策评价、法律、数学、经济学、计算机信息化等多技术领域, 向专业化、多元化的复合型人才转型。二是审计质量的控制。在审计机关内部建立质量控制制度, 形成全体人员参与、持续改进的质量控制文化。三是审计技术规范的建设。2010 年审计署发布《国家审计准则》, 标志我国审计监督迈入规范化、法治化的新阶段。除切实执行该基本准则以外, 还应继续建设绩效审计、计算机审计、经济责任审计等领域的具体技术准则, 使审计机关工作人员有法可依、有章可循, 大幅提高审计工作的效率和效果。

2011~2013 年 18 个特派办总技术效率情况表明, 各派出机构工作绩效状况存在较大差别。有的进步显著，有的较为平稳，有的则是大幅后退。针对这一现象，需要建立适当的奖惩制度，对锐意进取、进步显著的单位给予一定嘉奖，针对退步明显的单位进行询问和督促。同时，还应在各审计单位间建立适当的沟通途径，及时分享经验，为相对落后的单位提供改进建议，最终实现共同进步的目的。

研究局限在于，投入指标缺少财政投入金额，采用各特派办科室的数量作为资本投入的间接替代指标。建议加大审计信息的披露力度，改变审计监督透明度不高的状态，使社会公众能够及时、充分地了解审计监督的工作进展和结果信息。这也有助于提醒审计机关约束自身行为，促使其更加经济、高效地履行国家经济社会"免疫系统"的功能。后续若有条件搜集到更多的信息，可综合使用多种不同的方法评价审计机关的工作绩效，以期形成更为严谨、稳健的研究结论。

审计监督的绩效根本上是由制度所决定的。本书是在既定审计制度的框架下研究审计机关的绩效评价问题。行政型审计监督制度适合于"无限政府"时期的行政管理模式，随着市场经济的不断完善和发展，已出现诸多不适应之处，成为制约审计机关工作绩效的一个重要因素。如何构建适应于当前和未来中国国情的审计监督制度，新的制度又将对审计机关工作绩效产生怎样的影响，就是需要展开后续探讨的话题。

第三节 我国事务所参与财政预算审计监督调研

为了了解全国会计师事务所开展财政支出绩效评价（简称评价）的工作情况，制定事务所参与评价业务的工作指引，2014年财政部中国注册会计师协会，组织进行了有关评价业务的问卷设计和摸底调查[①]。本节就问卷内容及其回复情

[①] 2013年底财政部中注协从国际四大会计师事务所、高校科研单位抽调人员，组成专家小组，起草法规文件，以指导实践操作（《会计师事务所财政支出绩效评价业务指引》2016年正式发布）。此重要改革举措，是吸引社会审计力量参与财政预算审计监督的重要里程碑事件，因此，就法规起草准备阶段，全国范围内进行的事务所开展财政支出绩效评价业务的摸底调查为基础，总结分析我国现阶段社会审计参与财政预算审计监督所面临的问题和困难。2013年底，课题负责人受聘访问财政部中注协研究员，借调北京，参与该工作指引的起草工作。本部分问卷调查结果，系调研过程中形成的，尚未对外公开。需要说明的是，该问卷调查，旨在以问卷形式对实践情况进行摸底了解，因此研究设计较为简单粗略。

况进行梳理，以期为我国事务所评价业务的实施及其问题总结提供概括性的认识。

一、问卷设计与回收

问卷设有 15 道问题，包括 5 道问答题和 10 道选择题，主要按照事务所在参与绩效评价工作时的具体程序设定，分别从业务约定书、业务收费、业务类别、业务报告等 9 个方面进行问卷设计。向各省注协发放问卷，由各省注协向辖区内会计师事务所转发，将结果汇总后反馈。最终得到 21 个省份的有效问卷。

二、问卷结果的分析

表 3-17 列示了各问题、选项及其回答。在可以多选或单选的题目中出现多选答案时，将答案分别计入其所选的每一选项（例如，选择 AB 时，该结果既计入 A 选项也计入 B 选项）。后面针对问题结果进行逐一分析。

表 3-17　　　　　　　　问卷内容与选项结果

类别	题号	题目简要内容	选项	选择该项的问卷数量
一、相关规定	1	当地财政部门发布了哪些有关的规定？（问答）		
二、业务委托书	1	当地财政部门是否制定有业务约定书的标准格式？	有标准格式	8
			没有标准格式	13
	2	在事务所接受委托从事财政预算绩效评价时，委托方为（可以多选也可以单选）	财政部门	20
			财政部门与被评价单位	2
			被评价单位	2
三、业务收费	1	当地财政部门是否规定收费标准？	有收费标准	6
			没有收费标准	15
	2	如果没有标准，该业务收费的影响因素有哪些？（问答）		
四、业务类别	1	事务所参与的业务类别（按照业务阶段分）（可以多选也可以单选）	事前评价	9
			财政支出绩效跟踪评价	10
			事后评价	19
			其他	2

续表

类别	题号	题目简要内容	选项	选择该项的问卷数量
四、业务类别	2	事务所参与的业务类别（按照评价范围分）（可以多选也可以单选）	部门整体支出绩效评价	8
			基本支出绩效评价	7
			项目支出绩效评价	19
	3	事务所参与的业务类别（按照评价实施主体分）（可以多选也可以单选）	事务所独立出具报告	17
			事务所作为绩效评价参与单位不独立出具报告	12
			其他	0
五、再评价业务	1	请简要描述再评价业务是如何开展的？（简答）		
六、被评价单位自评	1	当地财政部门是否要求被评价单位必须开展绩效自评？	是	17
			否	4
	2	如果被评价单位开展自评，其自评结果对最终结论有何影响？（可以多选也可以单选）	其自评结论仅作为参考	16
			被评价单位自评打分构成最终评价结论的一部分	4
			其他	2
七、评价分数如何形成	1	评价分数是如何形成的（可以多选也可以单选）	由绩效专家组打分	11
			由会计师事务所打分	15
			事务所、专家、被评价单位分别打分后加权平均	5
			其他	2
八、绩效评价报告	1	绩效评价报告的使用主体（可以多选也可以单选）	仅当地财政部门和被评价单位使用，不公示	15
			财政部门进一步提交人大审议，但不公示	5
			财政部门在网上披露绩效评价报告或其要点	5
			其他	1
	2	如财政部门在网上公示，公示的网页地址（问答）		
九、问题	1	事务所开展该项工作遇到哪些问题？（问答）		

（一）事务所参与评价的相关规定

《中华人民共和国预算法》明确指出，预算绩效支出绩效评价是法定的预算管理环节，奠定了依法评价的法律基础。2011年起，财政部对于开展会计师事务所参与财政支出绩效评价工作陆续发布了相关文件，包括《关于印发〈财政支出绩效评价管理暂行办法〉的通知》等。地方财政对于该项工作也进行了规定，回收的21个省份问卷均表明，当地财政部门已就财政支出绩效评价做出了相关管理规定。

但整体来看，这些规定只能为评价工作提供方向性指导，还不够完善，可操作性不强，缺乏更为具体细致的工作指引，例如指标体系如何建立、业务收费标准等。

（二）事务所参与评价的约定书格式

在业务最初的委托阶段，即与委托方签订业务约定书的阶段，回收问卷的21个省份中，38%的省份制定了业务约定书的标准格式，62%的省份未制定业务约定书的标准格式（见图3-7），只能由委托方与事务所自行约定。

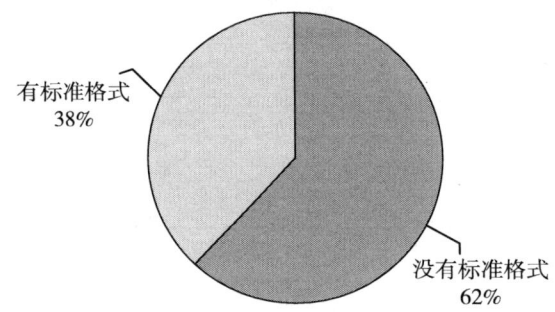

图3-7 当地财政部门是否制定业务约定书标准格式

有关业务约定书的委托方，如图3-8所示，20个省份可以由财政部门作为委托方，2个省份可以由被评价单位委托，2个省份可以采用事务所与财政部门、被评价单位签订三方协议的做法（即财政部门和被评价单位都是委托方）。当财政部门进行委托时，被评价单位能否配合事务所的工作，就是事务所开展财政绩效支出评价工作面临的问题。有必要采用事前通知的做法，要求被评价单位提供所有必要的信息资料接触权限以及相关人员接触权限。

（三）事务所参与评价的收费标准

在会计师事务所参与财政支出绩效评价的费用确认阶段，问卷结果显示，29%的省份对业务收费的标准做出了具体的规定，71%的省份没有做出具体规定。

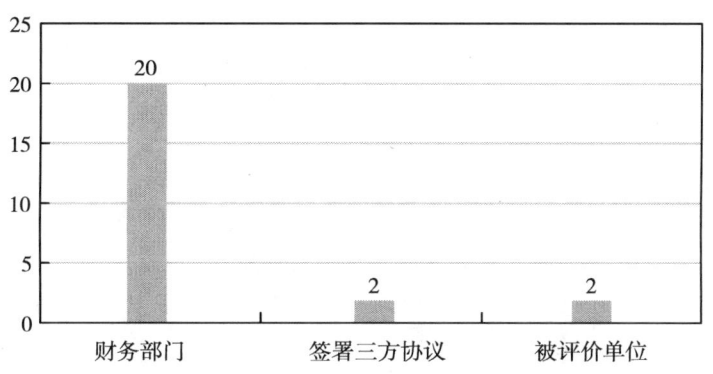

图 3-8 绩效评价业务的委托方（多选）

在没有收费标准的情况下，会计师事务所与委托方签订协议时，主要考虑的因素包括评价的资金规模、项目大小、派出人员数量和级别等。这些因素构成该项业务的主要成本。如何在保障事务所收益的情况下，经济有效地获取评价服务，也是一个需要重点关注的问题。

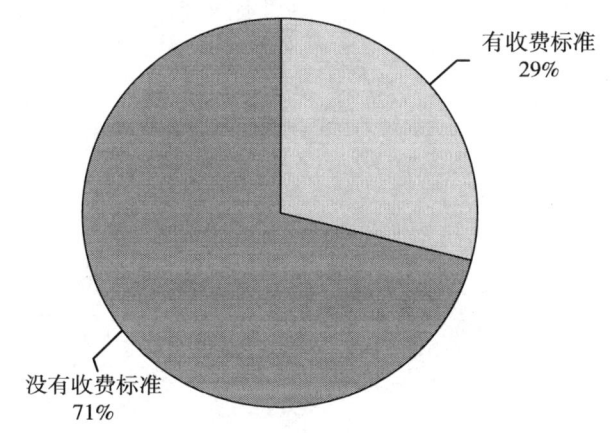

图 3-9 当地财政部门是否有绩效评价项目的收费标准

（四）事务所参与评价的具体业务类别

按照实施阶段分类，业务类别包括事前评价，即事务所接受财政部门委托、对项目实施的可行性等进行事前评估；跟踪评价，即在项目过程中对项目运行情况进行评价，监督绩效目标的实现情况；事后评价，即在项目完成后的绩效审查。图 3-10 表明，进行事后评价的省份有 19 个，进行跟踪评价的省份有 10 个，进行事前评价的有 9 个。这说明，大多数省份现阶段的重点是项目事后评价，较少开展项目实施之前以及过程中的绩效评价。

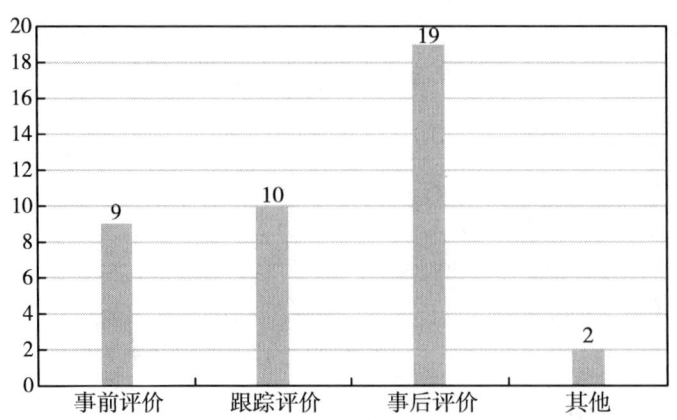

图 3-10 按业务阶段划分的业务（多选）

按照评价范围分类，业务类别可以分为部门整体支出、基本支出和项目支出评价三类。图 3-11 表明，已有 19 个省份针对项目支出进行绩效评价，7 个省份针对基本支出进行评价，8 个省份针对部门整体支出进行评价。这说明，我国目前财政支出绩效评价的实践主要围绕具体项目展开，较少涉及部门整体支出和基本支出。

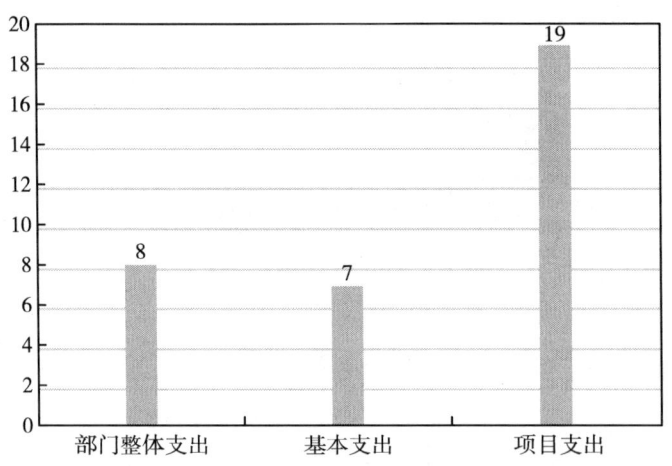

图 3-11 按评价范围划分的业务（多选）

按照评价主题分类，图 3-12 表明，最终的支出绩效评价报告中，17 个省份由事务所独立出具报告，12 个省份的做法是不独立出具报告，事务所仅作为绩效评价参与单位，将工作结果提交给委托方供参考。

（五）事务所开展再评价业务的情况

再评价业务，是财政部门对绩效支出评价结果实施再评价，以考察整改完善情况的业务。在 21 个省份中，有 9 个省没有再评价业务。实施再评价业务的省份中，大部分是将再评价业务作为独立业务、委托会计师事务所重新进行评价，少部分则是对被评价单位自评的过程和结论进行适当性评价。

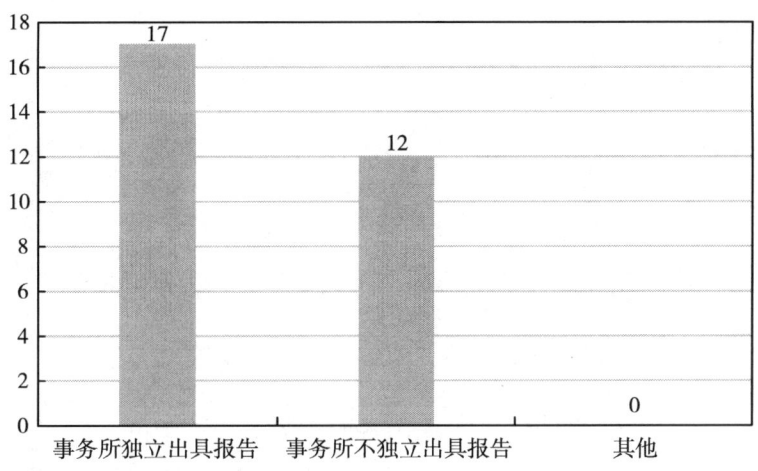

图 3-12　按评价主体划分的业务（多选）

（六）被评价单位的自评情况

在进行评价时，也可能涉及被评价单位自评。图 3-13 表明，57% 的省份强制要求被评价单位自评，43% 的省份不强制要求自评，但会抽取部分被评价单位进行自评。可见，自我绩效评价是一个不可缺少的步骤。

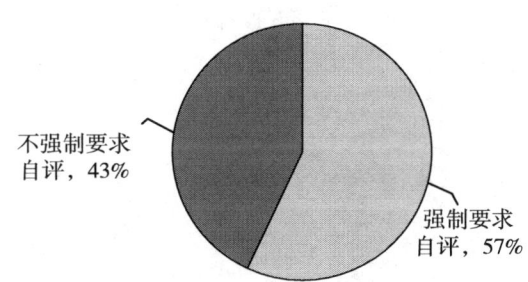

图 3-13　当地是否强制要求被评价单位开展自评

自我评价对最终结果究竟有何影响？从图 3-14 可以看出，大多数省份将被评价单位在自评中所提到的问题作为参考，不直接影响最终评价。只有 4 个省份将被评价单位的自评打分作为最终评价的一部分。

（七）事务所开展该业务的结论形成方式

在评价结果形成阶段，对被评价单位进行打分的主体包括事务所、专家组

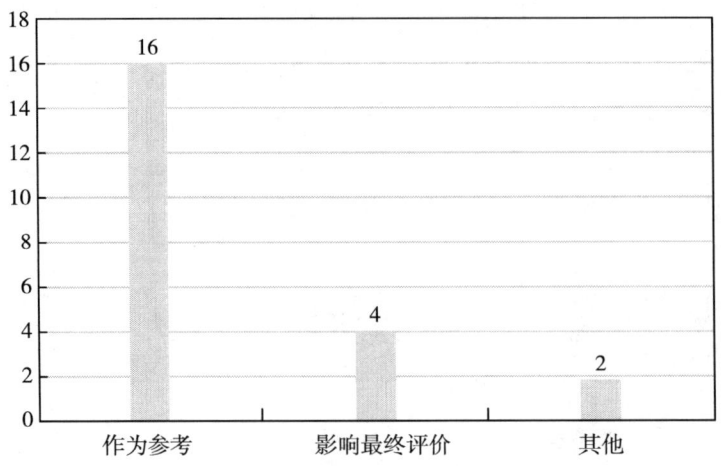

图 3-14 自评结论对最终评价有何影响（多选）

和被评价单位。各省份采取的打分方式有所差异，有的由专家组打分，有的由事务所打分，还有的采用加权平均的方式。部分省份存在多种方法综合使用的情形。

图 3-15 显示，11 个省份的评价结果可以由绩效专家组打分决定，15 个省份可以由会计师事务所打分决定，还有 5 个省份可以采用加权平均的方式（即将事务所打分、专家组打分以及被评价单位打分进行加权平均得出最后的评价分数）。这说明我国在对被评价单位支出绩效打分时，主要采取事务所打分或者专家组打分的方式，较少采用加权平均的方式。

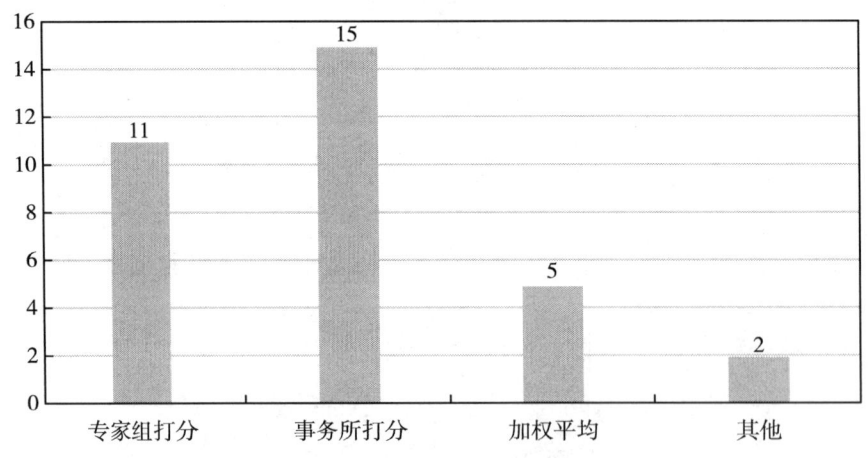

图 3-15 评价结论如何形成（多选）

（八）评价报告的使用者

图 3-16 表明，财政部门和被评价单位是报告的主要使用者。除此之外，人大也会对报告进行审议。值得注意的是，绝大部分报告不公示，仅有 5 个省份会在财政部门内网公示财政绩效支出评价结果。可见目前为止，评价结果主要作为下一年度部门预算的编制依据，供内部使用，不对外公开。

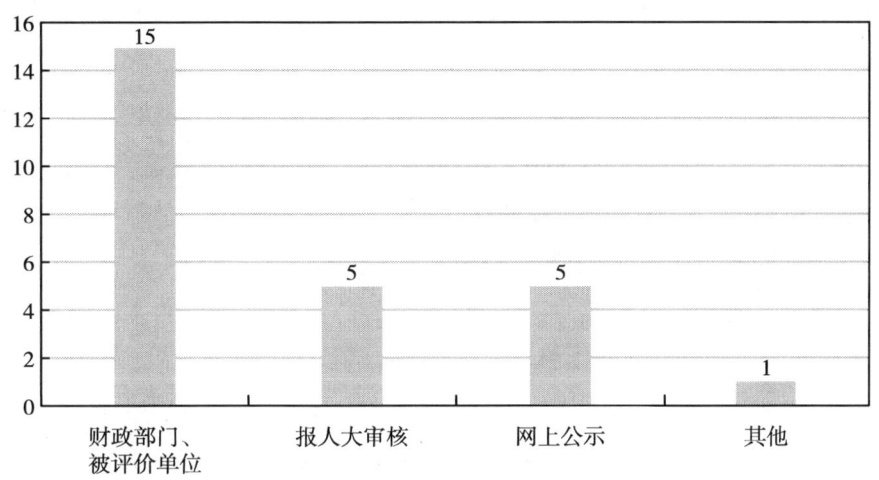

图 3-16 绩效评价报告的使用主体（多选）

需要说明的是，鉴于问卷第九项属于开放性问题，不要求强制作答，因此基本没有获得回复内容，在此不做分析与评价。

三、评价面临的问题

虽然绩效管理是公共部门管理决策的核心工具，但绩效质量是否能够可靠衡量仍然受到质疑。经过对问卷结果进行整理分析，可以看出目前事务所参与评价工作刚开始起步，相关程序还不够规范，作为会计师事务所的一项新兴业务，其评价方式、指标、内容正在摸索、试行，因此还存在很多亟待解决的问题。

第一，事务所专业胜任能力不足。被评价项目的差异性大、覆盖范围广。绩效评价的指标选取、方法运用等过程都需要相关行业的专门知识和技能。目前事务所具备行业专长的专业人员储备不足且流动性大，针对财政支出绩效评价的专业培训开展不够，导致其难以独立完成评价工作，需要借助外部专家的帮助。但是，由于外部专家对于项目的了解不足，或者事务所由于资金原因无法聘请高水平专家，可能影响绩效评价结果的科学性。

第二，缺乏合理的收费标准。绩效支出评价的绩效工作量较大，时间安排紧张，事务所为此不得不调动大量人力物力，但目前大部分地区没有制定具体的收费标准，或是收费标准较低。资金的限制会影响评价业务的质量。甚至部分事务所认为参与绩效评价只是帮助财政部门完成任务、支持财政工作，降低了事务所的积极性，不利于业务的深入发展和质量提升。

第三，事务所的独立性有待保障。在收回的21个省份问卷中，17个省份都是由财政部门委托会计师事务所进行绩效评价，有可能出现被评价单位不配合审计师工作的情况，给事务所的资料收集和工作开展造成一定困难。由于被评价单位一般是工商、税务等管理部门或政府权力机关，若评价结果不好，事务所可能面临异常压力，从而影响独立性。因此，事务所独立性的保障也是未来需要考虑的问题。

第四，绩效评价指标体系的建立难度较大。指标体系包括评价指标、标准以及指标权重。指标体系的建立没有固定模式，需要根据具体情况有针对性地进行设置。许多公共部门的工作目标不够清晰，难以确定科学合理的绩效评价方法。此外，会计师事务所专业胜任能力的欠缺以及对相关政策、指标库的了解不够全面，也可能给绩效评价工作带来困难。

第四章 包容性增长框架下财政预算审计监督一体化改革制度建设

系统科学理论指出，系统演进过程中存在大量导致无序的正熵，主要源于三个方面。一是由于环境复杂多变而主体的认识有限所导致的环境熵，二是由于系统结构不完善导致系统适应性不足所带来的结构熵，三是因为技术手段落后而导致的协调熵。这为探讨如何推动我国财政预算审计监督从无序走向有序提供了一种新的视角。根据复杂适应系统理论给出的指导，拟在前面研究结论的基础上，着重从社会环境、管理模式、技术协调三个方面提出推动我国财政预算审计监督未来一体化改革的战略思路。

本章重点从社会环境、管理模式两个方面，探讨如何优化外部社会环境，创新财政预算审计监督系统内部的监督模式、构建大数据条件下"三位一体"财政预算审计监督网络，以及怎样推进审计监督与预算管理两个社会系统的协调整合。下一章着重从技术角度，为包容性增长框架下实现财政预算审计监督系统的一体化改革，提供技术解决方案。

第一节 包容性增长框架下国家治理环境的优化

一、培养公共受托责任意识，扩大财政预算审计监督社会需求

只有从人民的愿望出发，听取和顺应广大人民要求，才能使公共受托责任这一重大问题落实到各级政府及其工作人员的实际行动，达到审计监督的终极目标。然而，我国民众监督和参与国家管理的行为有所欠缺，还无法最大限度

地体现中国式民主模式的优越性。有学者指出:"中国人民不是缺少民主意识,而是某些制度约束了民主需求,限制了民主能力"。① 因此,应当打破限制监督和参与行为的瓶颈,产生财政预算审计监督的强大需求动力。具体可以从以下几方面入手。

(一)建设民主法治社会,强化依法行政

构建法治社会,是确保公民切实行使其权利、培养公共受托责任意识的基本保障。只有法治信仰在整个社会得到普及,才能使其成为一种思想基础,保障依法治国方略的全面展开。所有国家机关、社会组织以及个人的活动务必限定在法律范围之内,按照法律行使权力、享受权利、履行义务、完成职责。努力强化依法行政,全方位推行依法治国,使公民权利和利益得到维护、社会公平与正义得以保障,最终实现包容性增长。

(二)加大监督参与教育,提高公权意识

相关研究显示,我国人民在国家政治方面的参与行为并没有因为受教育程度提高而得到改善。国民受教育程度和其政治参与行为并不相关,但受教育程度与政治参与意识间则显著正相关,即教育程度的提高会加深国民对法律制度规范的理解,公众会更加具有政治参与意识。因此,要促使民众积极参与国家政治,真正发挥人民监督作用,依然需要紧抓教育。在教育方式上可以采取多样化、多维度的形式,既可以从学校入手,也可以借助媒体、教育运动等其他方式。此类监督活动和参与教育的开展,能够增强人民群众运用合法权利维护自身利益的公权意识。

(三)丰富民意表达渠道,进行媒体监督

目前为了丰富民意表达的渠道,很多地方政府开设了市长热线、意见箱、市民听证会等机制,接受社会公众的质询和监督。但是,单凭政府自身的努力肯定不够,还需要辅之以媒体监督这一有力渠道。近几年,媒体监督的力量日益显著,对于群体性事件以及社会焦点问题的关注,能够极大地促使政府依法行政,营造良好的社会氛围。

二、不断完善相关法律法规,提供财政预算审计监督铁腕保障

有权监督、有权审查,是财政预算审计监督得以开展的法律保障。美国财

---

① 蔡定剑:《公民素质与选举改革调查》,载于《战略与管理》2003年第2期。

政预算审计监督的历史发展显示，每一部相关法律的产生，都标志着美国财政预算审计监督系统的一次渐进式跃迁。例如，1921 年的《预算和会计法案》，催生了美国的最高审计机关——会计总署（后更名为政府责任总署），正式构建起美国立法模式的审计监督系统；在 1950 年《预算和会计程序法案》的支持下，会计总署的技术方法由合规性审计向财务审计转变，为后来绩效审计的发展奠定了良好基础；1978 年的《总监察长法案》，在各联邦政府部门设立监察长办公室，在政府内部实施财政预算的审计监督，进一步完善了财政预算审计监督系统；1986 年的《单一审计法案》，正式授权并且要求注册会计师参与财政预算审计监督等。由此可见，完善相关法律法规，是推进我国财政预算审计监督系统不断跃迁的铁腕保证。

在开展立法活动时需要注意，同时兼顾"实体法"与"程序法"问题。"实体法"侧重于规范法律主体的权利和义务，而"程序法"侧重于规范法律主体的权利义务应该如何得以实现和承担。以美国为例。在实体法方面，"调查所有与公共资金的收入、支出和运用有关的事务"始终是最重要的规定。1921 年美国《预算和会计法案》赋予审计人员审查公共开支的重要权力，这也是后续立法反复强调的基本监督权力。在随后的一系列的立法中，不断就如何审查、哪些事务是公共开支的审查范围等问题，作出进一步明确的约定。在程序法方面，美国通过立法手段创造了许多程序性机制，提升了财政预算审计监督的效率和效果。例如，1993 年《政府绩效和成果法案》要实施绩效管理模式，将各联邦政府部门的中长期战略计划、年度绩效计划以及年末绩效审计相整合，将财政预算拨款与绩效审计的结果相挂钩。因此，统筹考虑"实体法"和"程序法"，有助于推动财政预算审计监督的顺利发展。

三、加快政府公共管理改革，构建绩效导向财政预算管理制度

在包容性增长框架的指导下，未来包括财政预算领域的公共管理改革，势必日益注重法治、绩效、责任、科学性等问题。应当紧跟政府改革的全球化步伐，实现我国政府的善治。同时，建立绩效导向的财政管理制度，推行绩效评估与绩效预算，开展政府会计改革，共同为财政预算审计监督系统输入有价值的物质、能量和信息，促使其向绩效审计高级阶段的跃迁。

（一）构建科学化的政府绩效管理体系

可以学习借鉴美国政府绩效管理的工作流程。

美国政府分别在 1993 年和 2010 年发布与修订了《政府绩效和成果法案》，这一法案的实施推动了世界多国政府的绩效改革进程。美国的财政预算绩效管理采取固定的绩效评估结构，具体由中长期战略计划、绩效计划以及绩效与受托责任报告三个部分组成，如图 4-1 所示。

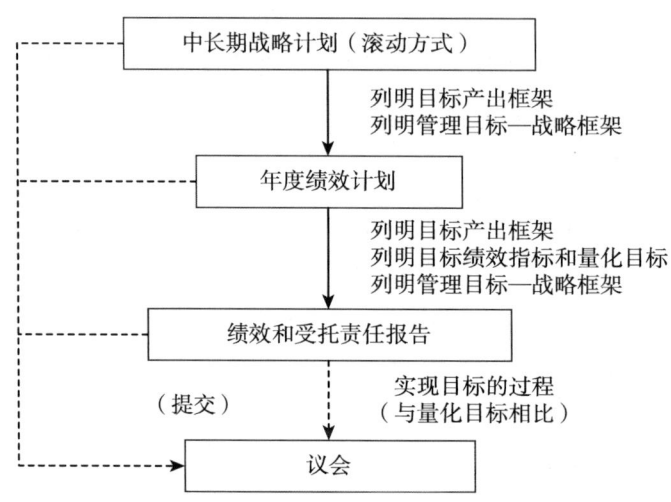

图 4-1 美国财政预算绩效管理的整体流程

1. 中长期战略计划

中长期战略计划，是指按照滚动基础编制的、总体部署部门工作的框架性文件，通常以五年为周期，是编制部门年度绩效计划的重要参考。

美国联邦政府各部门运用计划管理框架，如图 4-2 所示，将中长期战略计划中的总体战略目标逐层细化，转变为具体可执行的次级目标。

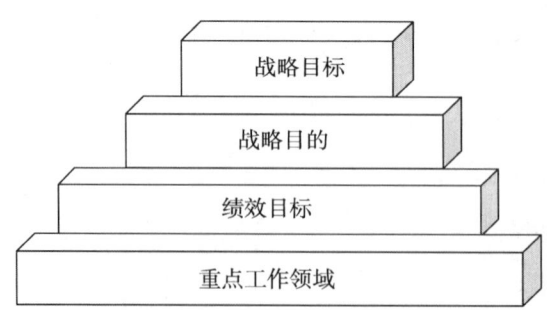

图 4-2 美国联邦政府部门的中长期战略计划框架

2. 年度绩效计划

根据中长期战略计划的总体部署，结合各年度工作重点，编制年度绩效工作计划。

3. 绩效和受托责任报告

在财政年度末，联邦政府各部门需要根据实际结果，编制绩效与受托责任报告（Performance & Accountability Report），以评价本年度的目标实现情况以及工作绩效。

联邦政府部门的绩效和责任报告，通常包括以下部分。

第一部分是引言。引言部分包括该部门部长的一封信件、一份财务报告自评报告以及情况简介。财务报告自评报告，是该部门确认其自身财务报告以及绩效报告工作可靠、完整的自评结果，由该部门的部长、副部长、首席运营官、首席财务官等高管人员签字确认。情况简介描述了该部门的性质、使命、战略计划流程、组织结构、中长期战略目标以及实现目标所需的评价流程。

第二部分是管理层讨论和评价。该部分说明当年度的绩效结果，以及资源的使用情况。此外，该部分还简要描述部门内部控制的建设情况、管理层面临的挑战和困难等。

第三部分是绩效信息。通常采用平衡计分卡的模型，包括客户、结果、员工以及内部运作四个方面，评价和总结该部门本年度的绩效管理情况。除列示本年度的实际绩效成果以外，还给出下年度的绩效目标计划。

表4-1以会计总署为例，列示年度绩效和受托报告的绩效信息内容。

表4-1 2016年度美国会计总署绩效和受托责任报告信息

绩效评价	2016年目标	2016年实际	是否实现	2017年目标
结　果				
财务收益（十亿美元）	50	63.4	是	50
非财务收益（项）	1200	1234	是	1200
以往建议的实施比率	80%	73%	否	80%
新增附带建议的报告比率	60%	68%	是	60%
客　户				
国会作证的次数	120	119	否	120
报告和文件的及时性	90%	94%	是	90%

续表

绩效评价	2016年目标	2016年实际	是否实现	2017年目标
员　工				
新聘员工计划完成率	80%	81%	是	80%
员工保留率（考虑退休人员）	92%	93%	是	92%
员工保留率（不考虑退休人员）	96%	96%	是	96%
员工发展满意率	80%	83%	是	80%
才能施展满意度	76%	79%	是	76%
领导能力满意率	82%	85%	是	82%
组织氛围满意率	76%	81%	是	76%
内部运作				
有助于完成工作	80%	N/A	N/A	80%
工作环境的质量	80%	N/A	N/A	80%
IT工具使用率	80%	N/A	N/A	80%

第四部分是财务信息。该部分描述当年度的财务信息，具体包括首席财务官的信件、经审计的财务报表及其附注、外部审计师和审计建议委员会的审计报告。外部审计师（主要是会计师事务所）需要就该部门的财务报表是否按照美国一般公认会计准则编制发表意见。审计建议委员会则需要评价总监察长和外部审计师的工作结果、部门的反馈，以确定该部门的改进计划是否包括及时恰当的跟进措施。

第五部分是针对管理层面临的挑战总监察长作出的评价。该部分描述总监察长就挑战问题的原因分析以及对策建议。

结合美国财政预算管理的改革经验，我国在进行财政预算监督管理中需要注意以下三点：首先，将绩效管理、绩效评价写入法律法规，为构建法治化、制度化与科学化的政府绩效管理体系，提供法律保障。其次，在深化政府改革的过程中，重点突出绩效管理的改革，包括导入标杆管理、目标管理等私人部门领域成功的管理经验和方法。最后，实现政府绩效评价的科学化。设计多元的评价主体，包括政府部门自我评价以及外部注册会计师评价；创新政府绩效评价方法，包括平衡计分卡、层次分析法等；公开政府绩效评价结果，接受社会公众的监督和质询，帮助构建绩效、责任、透明政府。

(二) 利用现有基础逐步实施绩效预算

近年来，我国财政预算改革取得了很大的进展，每个部门都建立了统一的预算制度，每年都会做出预算，这为部门的绩效评价提供了条件，为绩效预算提供了极为有利的基础。

可以借鉴美国《政府绩效和成果法案》的成功经验，要求各部门编制长期战略计划、年度绩效计划和绩效报告，将绩效与预算挂钩，根据实施结果做出是否拨款、拨多少款的决策。绩效预算的实行，项目的优先排序是关键。这就需要运用项目评估的方法，保证有限财政资源的最优配置。

(三) 建立与绩效挂钩的激励惩罚机制

绩效预算的核心是要将各部门的预算与工作绩效挂钩，建立正确的奖惩机制。由于绩效预算实现了预算拨款与绩效结果挂钩，能够暴露出低效率、浪费等行为，政府部门可以据此合理调整开支项目、优化资源配置，因此绩效预算不仅可以节约财政支出，还可以较好地解决机构精简的问题。

(四) 构建全面政府绩效评价指标体系

在设计政府绩效评价指标体系时，需要涵盖经济性、效率性以及效果性三方面的内容，同时考虑宏观绩效指标以及微观绩效指标。我国幅员辽阔，经济发展不平衡，地区之间差异较大，不同地域的政府绩效评价指标应当有所区分。结合各地理区域、各行政层次、各职能部门的实际情况，构建最能真实反映政府工作成果的评价指标体系。同时，为绩效审计提供指标、方法等铺垫准备，协调合作，帮助审计机关顺利、高效地完成任务。

(五) 实行政府会计领域财务管理改革

政府会计是绩效审计、绩效预算、绩效评价的重要基础。为保证绩效导向财政管理制度的建立、实现包容性增长，政府会计的改革势在必行。

为了更全面地反映政府各项资产、负债、收益以及成本，可以考虑修改现行会计方法，在政府预算中逐步实行权责发生制会计，编制政府的资产负债表和损益表，并且向编制政府合并财务报表的方向努力。预警政府管理的高风险领域，帮助管理者及时识别和应对。目前，政府会计领域的改革已经快速发展，海南、厦门等不少地区开始试点推行，为财政预算审计监督的改革，提供了良好的协作条件。

第二节　包容性增长框架下审计监督模式的重构

本节拟探讨包容性增长框架下,财政预算审计监督系统内的一体化改革,包括推动立法型审计模式的改革,鼓励注册会计师行业参与、整合审计监督资源,以及设计大数据支持下"三位一体"财政预算审计监督的网络。

一、调整我国审计机构的设置,推动立法型审计模式的改革

(一)人大下设审计机关,有助于实现"审政府"的独立监督

目前,全国人大和政府审计机关还没有最大限度地发挥在财政预算监督中的作用。一方面,人大没有实质性的预算监督资源,缺乏强有力的监督途径和手段,难以针对财政预算管理实行有效监督。另一方面,政府审计机关虽然拥有预算监督资源,但是因为缺乏独立行使权力的保障,在履行应有监督职能的过程中可能受到阻碍。正是这种审计体制的弊端,导致我国目前的财政预算监督效果不够理想。

建议将目前隶属于政府的审计机关划归到全国人大,作为领导全国审计工作的最高机构。同时,在政府部门内部,设立内部审计职能,开展对财政预算管理以及其他活动的监督检查。两者相互配合,共同产生"1+1>2"的协同效应。

我国最高审计机关的隶属关系,由政府内部提升至人大领导,有助于真正实现"审政府"的国家审计独立监督,能够满足公共权力对国家权力的监督与制衡需求。[①]

(二)逐步推进人大与审计监督的结合,构建政府内部审计系统

实施立法型审计模式的改革,有助于人大监督与审计监督的整合,增强我国立法机构的权威性和实际监督效力,使得最高审计机关成为我国立法机构的

[①] 值得注意的是,2018年5月成立了中央审计委员会,这是审计监督制度的一次重要变革,在提升审计监督独立性、权威性方面,将发挥十分重要的促进作用。随着民主法治的进一步健全、人大监督力量的增强,审计监督制度可能开展深度改革,人大下设审计机关的改革方案有望推行。

重要辅助机构。

在最高审计机关归属人大领导后，建议在政府内部设置新的内部审计机构，使其成为政府部门内部控制的重要组成部分（内控当中的监督要素），由其对政府各项活动、项目、管理进行审查。因为，确保财务等信息的真实可靠性、运营管理的合规合法性等，本身就是政府自己应当承担的会计、管理责任，属于政府应当向社会公众履行的公共受托责任。

当然，在财政预算审计监督方面，隶属于人大的审计机关经验更为丰富，因此，可以在政府内部审计制度建立初期接受审计署的指导和帮助。人大领导下的审计监督，与政府内部的审计监督相互配合协作。事实上，美国国会领导的会计总署执行的就是外部监督的国家审计，而根据1978年《总监察长法案》各主要机构内部设立的总监察长办公室执行的则是内部监督的政府审计。彼此相互配合、协调互动，共同监督财政管理活动，促进财政预算审计监督系统向绩效审计高级阶段跃迁。

如第二章所述，由于美国总监察长是总统提名、参议院任命，独立性、权威性极强，可以有力减少、杜绝政府内部贪污舞弊的行为，提高财务信息的可信赖程度，减轻会计总署的工作压力。这种做法非常值得借鉴。在构建我国政府内部审计系统时，也要务必保障政府内部审计机构及人员的独立性、权威性。

二、鼓励注册会计师行业参与，整合财政预算审计监督资源

（一）完善法规制度，提供法律保障

有权监督、有权审查是财政预算审计监督发展的起点。法律法规的日益健全，是注册会计师行业参与财政预算审计监督的有力保障。

从美国相关法律的制定历史，可以发现每一次法律的制定，既是对美国财政预算审计监督系统的调整作阶段性小结，同时，也是将财政预算审计监督系统的调整明确、固化，成为其进入下一发展阶段的起点。实际上每一部新法律的产生，都标志着美国财政预算审计监督系统的一次渐进式跃迁。例如，1945年颁布的《联邦公司控制法案》赋予会计总署审计国有企业的权力，会计总署可以聘请注册会计师，运用社会审计的技术手段开展工作。1984年的《单一审计法案》及其之后的修正案正式提出，所有接受美国联邦政府财政资助50万美元以上的企业或单位都应当接受会计师事务所的财务审计，并就其内部控制的

有效性进行评价。

目前,针对注册会计师行业参与财政预算审计监督的问题,尚未有明确的法律规定。仅财政部中国注册会计师协会于 2016 年发布了《财政预算支出绩效评价工作指引》,就具体工作流程、评价方法等技术细节进行了框架性的规定,并没有对注册会计师行业参与财政预算审计监督的强制性、必要性,以及工作结果的利用方面提供坚实的法律保障。未来,建议一方面加快《中华人民共和国会计法》《中华人民共和国审计法》《中华人民共和国注册会计师法》等相关法律的修改,明确注册会计师行业参与财政预算审计监督的目标、对象和范围等;另一方面出台配套的部门规章,就政府财务信息的审计、政府内部控制的审计等问题,提供进一步的工作指引。

(二)实施标准建设,提供技术指引

目前,注册会计师行业已经就其提供的各项专业服务建立起了一套较为全面的职业规范框架体系,包括会计师事务所质量控制准则、职业道德规范以及具体业务准则三大部分。未来,针对注册会计师开展财政预算审计监督等公共部门领域的审计服务,需要在现有规范体系的基础上进行补充和完善。

例如,就注册会计师提供财政预算审计监督的服务,明确其业务种类,属于其他鉴证业务,还是属于相关服务;有关职业道德的规范,是否需要就专业胜任能力方面,例如公共管理、财政学等方面的知识、素质、技能,作出补充规定;针对具体的业务流程,如何理解、识别财政预算管理当中的高风险领域,并且作出恰当的应对和报告提供具体的技术指导等。

从操作层面来讲,建议在现行审计准则框架的基础上,就财政预算审计监督的相关问题进行补充,在相关准则的应用指南中予以体现。某些特殊事项,例如财政预算支出的绩效评价,可以部门规章的形式另行颁布工作指引。

(三)公开审计结果,启动问责机制

公开审计结果,是注册会计师参与审计监督制度能够发挥作用的关键环节。只有充分公开审计结果报告,接受社会监督,才能将后续的问责、追责落到实处。公开财政预算审计监督的结果时,应注重遵循以下两项原则。

一是参与性的原则。发动社会各界参与,加强民主监督,是推行审计政务公开的最终目标。审计监督对象通常局限于行政事业单位和社会团体,社会公众对财政预算审计监督工作的认识比较模糊。为了让社会公众更理性地对待审计,协助审计,应将参与性原则贯穿于审计政务公开全过程。在参与对象上,要积极争取各级党委、人大、政府、政协、民主党派和人民群众的积极参与，扩大审计影响面，大力营造关注审计、理解审计、支持审计的社会环境。在参与方式上，着重两个方面：一是借助人大监督和政府督查，合力解决审计执行难问题。二是加大法制宣传力度，通过聘请义务监督员、发放廉政反馈卡、推行审前公示制、举办法制宣传活动等形式，向群众广泛宣传审计职能、审计程序、廉政纪律等知识，发动群众参与和协助审计，及时发现和应对重大审计线索和高风险领域。

二是务实性的原则。经济领域的复杂性和多样性，使审计结果公开在实际操作中不好把握尺度，标准难以统一，给审计人员的政策理论水平和执法能力带来了挑战。既要严格执行，坚持独立、公正、客观的立场不动摇，又要从实际出发，透过现象看本质，善于解剖事物潜在的内因和动机，以围绕中心，服务大局为根本落脚点，分类区别处理，促进问题妥善解决。同时，注重公开的时效性。如果在被审计单位的整改结束后才公布审计报告，可能妨碍审计项目的时效，降低财政预算审计监督的威慑力。

（四）注重人才培养，设置执业门槛

第一章系统科学理论已经分析，人是被嵌入在物理世界中的宏观存在物，与物质世界浑然一体，应当高度重视人在审计系统进化中的能动作用。

由于审计职能的变迁，美国等国家的审计人员由过去传统的审计员（auditors）的角色，演变为评估人员（evaluators）。我国的财政预算审计监督也正在朝此方向发展。因而，除会计审计等传统专业知识领域外，审计人员还需要具备财政学、公共管理学、企业管理学、经济学、信息技术等方面的知识和技能，以提升其财政预算审计监督的业务水平。

三、构建大数据支撑下"三位一体"财政预算审计监督网络

（一）"三位一体"财政预算审计监督网络的各主体分工与协调配合

建议未来建立人大领导下的审计监督机构，与政府内部的审计监督机构、社会中介机构会计师事务所一起，形成包容性增长框架下"三位一体"的财政预算审计监督网络，如图4-3所示。

1. 人大领导下的财政预算审计监督机构

未来，人大领导下的审计监督机构可以偏重于绩效审计（包括政策执行审

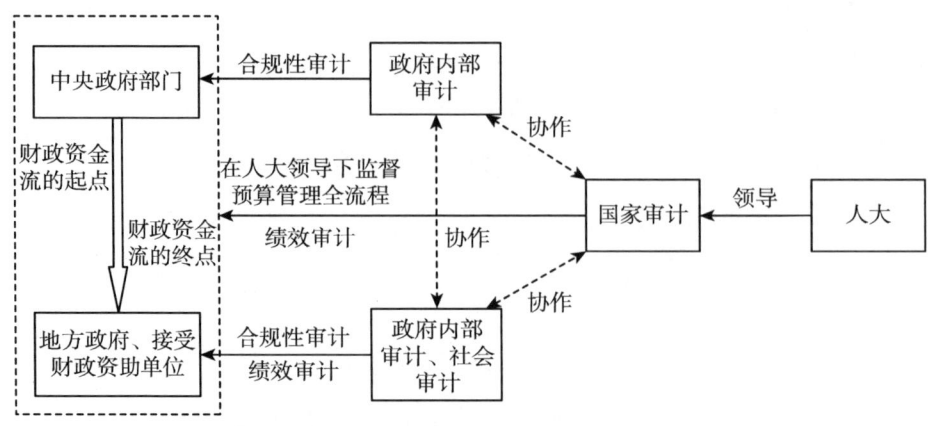

图 4-3　"三位一体"财政预算审计监督网络

计)的实施,将基础性的合规审计交由政府内部的审计部门完成。政策执行审计的实施,有助于确保国家重大宏观经济政策的贯彻落实,更直接地服务于国家治理的需求。此外,人大领导下的审计机构,需要加强与立法机构以及政府部门之间的联系。

一是成为立法机构的左膀右臂,实时满足其动态需求。例如,会计总署从成立至今,积极转变工作角色,从最初的"账房先生"转变为国会的战略合作伙伴。20 世纪 20 年代的有限政府时期,主要是查核收据发票的账目,以确定联邦政府支出是否正确。随着第二次、第三次产业革命的完成,美国的社会经济环境、国内外政策发生巨大变化,国会不得不面对日益复杂的世界,就需要会计总署改变其工作性质和内容,帮助国会设法应对更加困难和棘手的议题。会计总署关注的议题都属于整个国家发展的战略层次,涉及国家管理的各重大风险领域。包括国家安全、能源、金融制度、环保、教育、太空计划、运输、税务行政、战争等。审计范围已经从合规性审计逐步扩大到绩效审计。目前,会计总署已经成为美国国会四大辅助机构之一。当然,就本质职能而言,人大下设审计机构的根本目的是监督行政部门的用钱能力,掌握"钱袋"控制权。

二是与行政部门形成建立"战略性合作"关系,由"监督职能"转变为"建设职能"。包括绩效审计、绩效预算、绩效评估在内的国家公共财政管理,必须以可靠、真实的会计财务信息作为系统输入。政府是基础信息的生产者、提供者,其会计系统、财务管理以及内部控制工作的好坏至关重要。人大领导下的审计机关可以此为切入点,"建设性参与"政府部门工作。与政府部门合作制定会计准则、财务管理准则、内部控制标准，既体现分权与制衡原则，又可以避免执行过程中的冲突，增进双方交流和沟通，形成合作互动的良好氛围，减少财政预算审计监督系统由合规审计向绩效审计跃迁的阻力和障碍。同时，通过确保会计财务基础性信息的可靠性，更加轻松、顺利、高效地促使财政预算审计监督系统由合规审计向绩效审计高级阶段跃迁。

2. 政府内部的财政预算审计监督机构

美国财政预算审计监督的历史说明，开展绩效审计绝不等于放弃合规审计。合规审计依然非常重要，依然要强调，只是可以交由政府内部的审计监督完成。美国国会通过立法设置总监察长办公室的做法值得借鉴。监督财政收支活动，绝不仅仅是审计机关的责任，单靠目前的审计力量根本不足以解决合规合法性审计问题，更不用说绩效审计。而提供基础信息的真实性、合法性，本身就是政府自己应当承担的责任，却由于我国体制设置、路径依赖等因素的影响，没有得到有效落实，问责力度不足。

由美国的发展可知，财政监督也可能存在管辖权冲突，在一个完善的监督系统下，立法机关有之，行政机关内部也应当有之。建议切实发挥政府内部审计系统的功能，现阶段主要实施合规审计，保证基础资料的真实性、合法性。当然，随着政府内部控制、财务管理、会计系统的健全，违法违规行为的减少，合规性审计比重可逐渐降低，外包给社会审计组织，从而使整个财政预算审计监督系统关注更为重要、更高价值增值的工作，实现整体审计系统向绩效审计高级阶段的权变演进。

3. 社会中介机构的会计师事务所

建议学习美国《单一审计法案》的做法，修改我国现行《注册会计师法》等相关法律法规，将注册会计师参与财政预算审计监督的做法以法律的形式固化下来，赋予从事该业务的注册会计师合法的审查权利。从审计范围上，将审计监督的范围扩张至接受政府财政支持的所有企业、非营利组织，例如医院、基金会、学校等。从审计力度上，规定一定金额以上或者具有重大影响的项目，必须接受会计师事务所的审计。从审计内容上，分步骤展开。前期阶段，侧重财务审计、绩效审计。前者实质上是财务报表审计，需要就被审计单位的财务报表、报表附注以及当年的财政开支清单发表审计意见。后者需要评价财政支出的绩效。我国目前已有初步实践，正在摸索完善当中。

(二) 大数据支撑下"三位一体"财政预算审计监督网络的架构设计

我国经济发展进入新常态，根据包容性增长的指导思想，对财政预算审计监督工作提出了更高的全覆盖要求。要想实现全覆盖的审计目标，创新技术方法势在必行。应用大数据技术，是推进审计全覆盖的重要手段，是审计监督集中化管理的需要，也是审计监督工作自身发展的内在要求。

某省审计厅是大数据审计技术发展的先行者，多次在全国审计系统进行经验交流。下面仅就该省大数据审计平台的基本建设架构，以及在财政预算审计监督当中的应用做一简要轮廓性的描述。最后，结合未来"三位一体"财政预算审计监督网络的构想提出改进优化意见。

需要说明的是，本部分内容，系该省审计厅科研课题"大数据技术在审计实务中的应用及发展方向研究——基于大数据审计实践"的阶段性研究成果。课题组成员参与了该项目的论证、研究及撰写过程。这里仅是举例反映我国大数据条件下财政预算审计监督系统的应用实践情况，未做深入展开。未来条件成熟的情况下，还需要考虑该系统与社会审计、内部审计的对接等系统设计以及技术方案问题。

1. 大数据审计平台的基本架构

按照审计署审计数据规划和实际审计需求，运用云计算和大数据技术，采用分布式存储和并行计算架构，在省厅云计算平台基础上，构建在线数据集成工作站和大规模并行处理数据集群，形成"一大网络、四大中心、六大系统"数字化审计平台，为数据传输与共享、数据存储与管理、数据分析与处理提供了条件，如图4-4所示。

一大网络是指，借助电子政务外网，实现了与省委、省政府及相关部门的横向网络连接，以及省内各级审计机关的纵向网络连接。利用这套网络，为上下级审计机关之间以及审计机关与财政、地税、社保等重点单位之间实现数据互通和共享奠定了基础。

四大中心，包括审计交换中心、审计数据中心、审计云计算中心和审计数据备份中心。审计交换中心，借助互联网，审计人员可以在现场安全传递和访问数据；审计数据中心，采用多种渠道和方式收集数据，按年份、行业、单位等分类储存；审计云计算中心，运用服务器虚拟化、数据分布式存储、任务并行处理技术，为全省各级审计机关提供高效的审计分析平台；审计数据备份中心，集中全省业务数据，备份并确保安全。

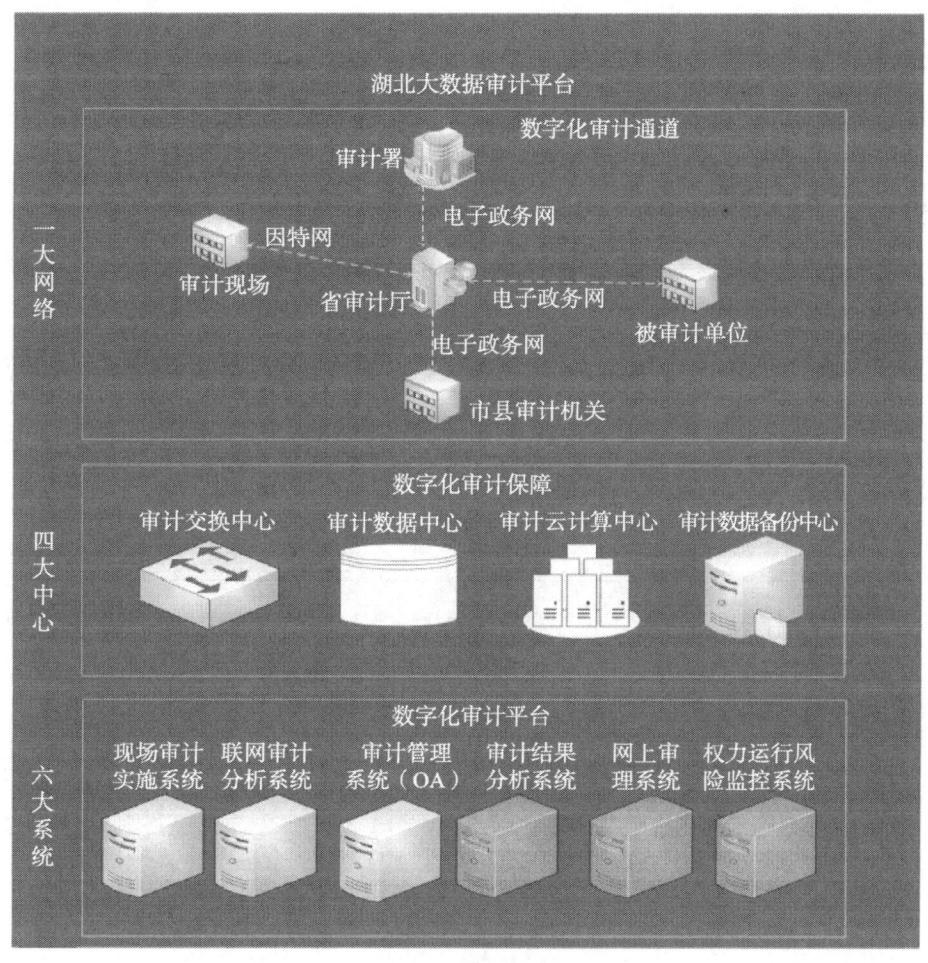

图 4-4 湖北大数据审计平台

六大系统，包括审计管理系统、现场审计系统、权力运行风险监控系统、联网审计分析系统、网上审查系统、审计结果分析系统，共同构成了数字化审计工作平台的主体。各系统有机结合、互融互通，贯穿于审计的全过程，在数字化审计中发挥了重要作用。如审计结果分析系统，对所有审计报告等结果类文书中的内容进行综合分析，挖掘审计结果价值，服务领导决策；网上审理系统，具备对审计项目实施方案确定的审计事项覆盖率进行自动检查和缺项提示等功能，对审计实施中可能存在的选择性审计、选择性报告进行监督，确保审计报告与审计实施方案、审计工作底稿、审计证据相匹配，实现对审计项目实施全过程控制；权力运行风险电子监控系统，对审计执法、审计管理、财务管理、人事管理和其他事务管理等五个方面，以执法、廉政、效能为重点进行全面监控,有效降低审计风险。

2. 部门预算执行审计全覆盖的应用

近几年,该省审计厅将省本级及部门预算执行审计作为实现审计全覆盖的突破口,积极探索运用大数据技术开展预算执行审计,初步实现部门预算执行审计"横向到边、纵向到底"的全覆盖,纵向覆盖省、市、县三级,横向覆盖从年初预算编审、指标管理、国库支付、部门财务核算到年终部门决算整个预算执行全过程。

基于大数据审计平台的、部门预算执行审计云计算系统总体架构如图4-5所示。

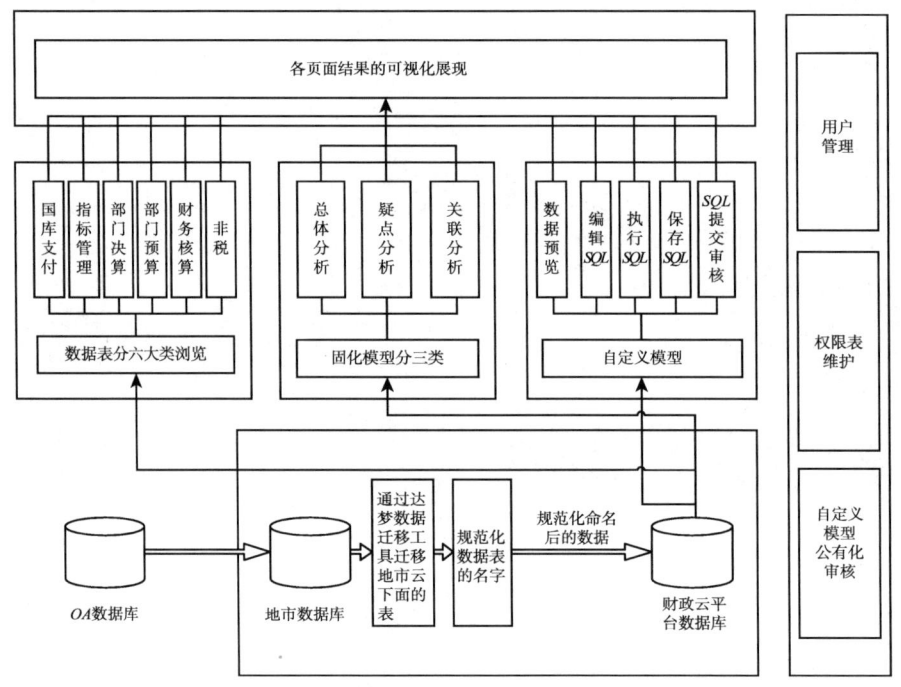

图4-5 部门预算执行审计的云计算系统总体架构

按照数据采集、数据抽取处理、数据整合的过程,初步实现了年度部门预算执行审计全覆盖,具体过程如下:

(1) 数据采集。

各个地市区在各自相应的服务器上的数据库中,通过一定的方式采集处理需要运用的数据,然后将处理后的表放置到以各地市区命名的云模式中。

(2) 数据抽取。

通过数据迁移工具,经过审计厅内网,分别从各个地市区的服务器上,把相应的以地市区+云命名模式下的所有表迁移到财政云平台的数据库中，实现从地市数据库到云平台的跨数据库迁移。

（3）数据处理。

财政数据所包含的表，根据类别，主要可以分为统一的六大类。基于这个特点，从各个地市区迁移过来的表，从属性上来说彼此相似。为了按地市区来区分，同时考虑命名的规范性以及之后平台用表的便利性，因此统一命名为地市区_表分类_表名_年度的格式，在云平台的数据库中进行统一处理。

在云平台的数据库中，有一张针对用户与表对应权限的表，在迁移数据表时，每迁移一张表，应当维护这张权限表，插入新的记录。

（4）模型构建。

模型主要分为三大类，包括总体分析、疑点分析以及关联分析。同时，对于不同的地市区，有着各自独立的模型。模型的核心为SQL语句，其执行流程为在后台执行SQL语句，然后传给前台显示，用户通过模型的SQL语句和其执行结果来分析模型的特点与作用。

（5）可视化展现。

在返回分析结果数据的同时，采用与数据库类似的可拉动列宽与固定表头的表结构显示，以完整、便利的方式展现结果。

（6）数据浏览。

每个地市区根据自己相应的账号登录系统后，可以查看浏览自己授权访问的表以及它的字段，这些表分为六大类显示。

（7）自定义模型。

与上面的模型构建不同，这里的自定义模型为用户提供一个编写SQL以及执行的功能，然后这些自定义的SQL可以保存为模型。

自定义模型根据属性分为公有模型和私有模型，一般用户保存的模型即为私有模型，只有提交申请、待管理员审核通过后才可以转换为公有模型。

（8）用户管理。

通过管理员用户登录系统后，可以对一般用户的登录信息进行编辑、增加等操作。

大数据审计彻底改变了传统审计的方式方法，既提高了审计质量，也大大提升了审计效率。在大数据技术的支持下，该省本级财政预算审计首次实现了全覆盖，接受监督的预算单位数，由前几年的四十多家扩展至目前全部107家省直单位。2014年，全省共移送经济案件线索662件，其中厅机关移送案件线索99件，分别比上年增加了65.5%、19.3%。其中60%的案件线索就是大数据审计分析发现的。

目前该省大数据平台上的财政预算审计监督系统，主要限于审计机关内部，包括省市县等级别审计机关信息的共享。未来，随着财政预算审计监督系统的改革，包括政府内外部审计监督的分工以及注册会计师行业的参与，该系统还可能与政府内部审计部门、注册会计师行业监管部门的系统，实现数据对接与共享。还可以建立专门的网站，或者提供相关链接，公开所有财政资金使用和审计监督结果的信息。既可增加财政预算管理的透明度，也可促使不同审计监督主体之间相互协调、避免工作重复以及审计资源的浪费。

第三节　包容性增长框架下审计监督与预算管理的协调整合

本节就包容性增长框架下审计监督如何嵌入预算管理的全流程、实现审计监督与预算管理的整合进行探讨和研究。

一、预算管理的基本流程环节

财政预算是政府发挥调控作用、保持社会稳定的重要手段，是国家正常运转、经济健康发展的根本支柱。审计监督是确保财政预算管理科学、高效、透明，最终实现包容性增长目标的重要保障和追责机制，因而备受重视。

根据公共受托责任理论，公众对政府财政享有知情权和监督权，公众知情和监督的一个重要渠道就是财政预算审计。根据免疫系统的思想，预算审计在防范和抵御财政预算内部和外部的威胁时，应当积极发挥"免疫"作用。

李燕（2008）、杨光焰（2016）等学者将财政预算管理流程划分为预算筹划和决策、预算的编制和审批、预算的执行和决算、预算的审计和评价等阶段。为了更清晰地考察审计监督与预算管理的整合、实现全覆盖监督，将预算流程大致划分为预算编制和审批，以及预算执行和决算两个阶段，探讨审计机关应当如何在这两个阶段嵌入预算管理流程。具体流程如图 4-6 所示。

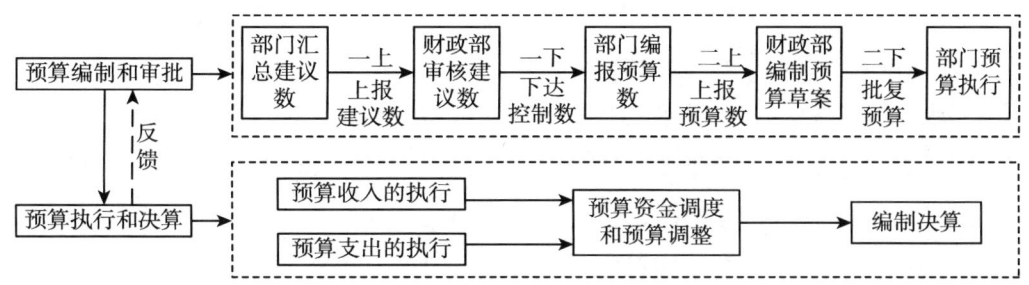

图 4-6 预算管理的基本流程

（一）预算编制和审批

预算编制和审批，是指预算草案的编制以及通过人大批准的过程。依照当前预算法和实际预算运行，以中央部门预算为例，预算的编制和审批过程可以大体分为五个阶段，即准备阶段和两上两下阶段。

在"准备"阶段中，预算部门需要对当年预算已批复项目进行核实清理。此外，预算部门的各个子部门还需要核查本单位人员实有数应有数等基本信息，统计将在预算年度执行的项目，为本部门预算建议上报数的统计做准备。

"一上"阶段，是指由预算部门编报本部门的预算建议数。预算部门根据工作任务，估测收支，报给上级部门，而后由中央预算部门上报给财政部。

"一下"阶段，是指财政部根据经济形势，分析估计收支状况，在统筹分析的基础上，结合预算部门的建议数将控制数下达给各支出部门的过程。

"二上"阶段，是指预算部门根据财政部下达的控制数编制本部门预算并上报财政部门。

"二下"阶段，是指人民代表大会批准财政部预算草案，财政部据此批复中央部门预算，而后由中央部门批复所属单位预算的过程。

（二）预算执行和决算

预算执行也即预算草案通过人大审议开始实施的过程。它是政府财政预算管理工作的主要环节。财政预算执行主要包括预算收入执行、预算支出执行、预算调整以及决算。

预算收入执行，是预算执行的首要工作，要求预算执行能够顺利完成依据预算确定的收入计划。只有及时完成收入任务，才能保证预算支出的资金供应，维持政府部门各项工作的正常开展。

预算支出执行,是指按照预算对财政资金进行分配和使用的过程,也是利用财政资金、满足社会公共需要的过程。在支出执行过程中,要注意合理配置财政资源,以更好地满足经济社会的发展需要。

财政预算调整,是指年中的财政预算动态调整过程。因为在预算实施过程中,经济社会发展可能或多或少地和预期发生一些偏离。为了适应当前的经济政治形势,或者应对突发状况,需要对预算进行调整。

财政决算,是指决算草案的编制过程和决算草案经人大批准的过程,最终以报告的形式展现财政预算的执行结果。通过财政决算,可以从总体上对国家方针、政策的落实情况获得初步了解,发现预算执行过程中的问题,查找发生问题的原因。财政决算对以后年度财政预算的编制也有指导作用。

二、预算编制审批与审计监督

财政预算的编制和审批是预算得以执行的前提。为研究需要,将"二上"阶段作为预算编制过程,将"二下"阶段作为审批过程,并从预算编制和审批的主要问题出发,探讨审计部门应如何做才能更好地履行监督职责。

(一)合规审计

审计机关的主要职责是对政府部门财务收支和相关经济活动的真实性、合规性进行监督。在预算编制和审批阶段,审计的合规性监督可以检查支出部门预算的统计上报、财政部门的预算决策过程是否合理和合法,是否按照内部控制规范执行工作等。

1. 预算编制合规性审计

在支出部门预算编制阶段,"一上"阶段流于形式的一个主要原因是缺少外部监督。审计机关显然是预算编制的一个重要外部监督机构。审计监督能够对预算支出部门形成外部压力,促使支出部门编制预算时按照规章制度和内部控制严格执行,减少预算支出部门监管人员的不作为情况和预算上报的随意性,增强预算上报与政策、经济形势的相关性,从而降低财政预算在执行过程中的调整次数。

具体而言,审计机关需要关注预算内容编制的合规性、完整性和全面性。新预算法要求预算的全口径管理,这点和传统的预算编制不同,审计单位需要对预算的口径进行重点审核,严查"小金库"。另外,要做到"账实相符",即审计机关要核对单位人员的实有数与预算表是否相符、项目预算申请是否合规合理等。在收入方面，税金收缴、行政收费等要符合国家法律或其他规章政策的规定，在支出方面，预算要和实际情况相匹配，考虑单位支出的必要性以及支出目的是否与单位职责或目标密切相关。此外，根据国家反腐倡廉的政策要求，还需要严格审查招待费之类的支出预算。

2. 预算审批合规性审计

审计机关可以从以下方面考虑对预算审批的监督：第一，在充分了解实际情况的基础上，运用职业判断，评价财政部门对支出部门经常性预算表、建设性预算表等是否与当前政策导向、部门单位发展目标相符合的审查是否恰当。第二，督促财政部门与外部监督主体（例如检察院）合作，包括信息技术的对接、数据信息共享。这样既方便财政部门自查，也利于外部监督部门对财政部门进行监督。第三，审查财政部门的收支测算是否合理，包括原始数据的完整性、真实性、可靠性，也包括收支测算方法的合理性。第四，审查财政部门上下级的沟通材料，判断预算编制调整的原因是否合理。第五，审计结果要及时反馈，对审计过程中发现的问题，要仔细分析，尽量提出自己的整改建议，加强审计部门和财政部门的沟通。

此外，在财政部门预算决策阶段，审计机关还可以开展以下工作：第一，内部控制的执行情况检查。目前已经出台行政事业单位内控控制规范，但是其内部控制执行力度如何、执行效果如何，仍然需要外部监督机构作出客观评价。第二，督促预算编制的公开透明。公开机制能够弱化可能存在的不当压力，接受广大群众的监督检验。

（二）绩效审计

良好的绩效预算管理，应当贯穿财政预算的编制、执行和决算等多个环节。财政部门在预算管理体系中处于核心地位，有责任建立合理的绩效评价规范和方法以及合理的评价指标体系等。为了保证绩效预算管理的顺利进行，审计也应超越传统的合规性审计，实施绩效审计监督，为将来的绩效预算改革做好准备。

在预算编制和审批阶段，审计机关需要对部门绩效项目的编制材料、绩效目标、财政部的审核过程进行审查。结合学者苟燕楠（2011）提到的国内绩效预算试点的流程设计，就预算编制阶段的预算绩效审计监督方式进行设计。审计监督方式如图 4－7 所示。

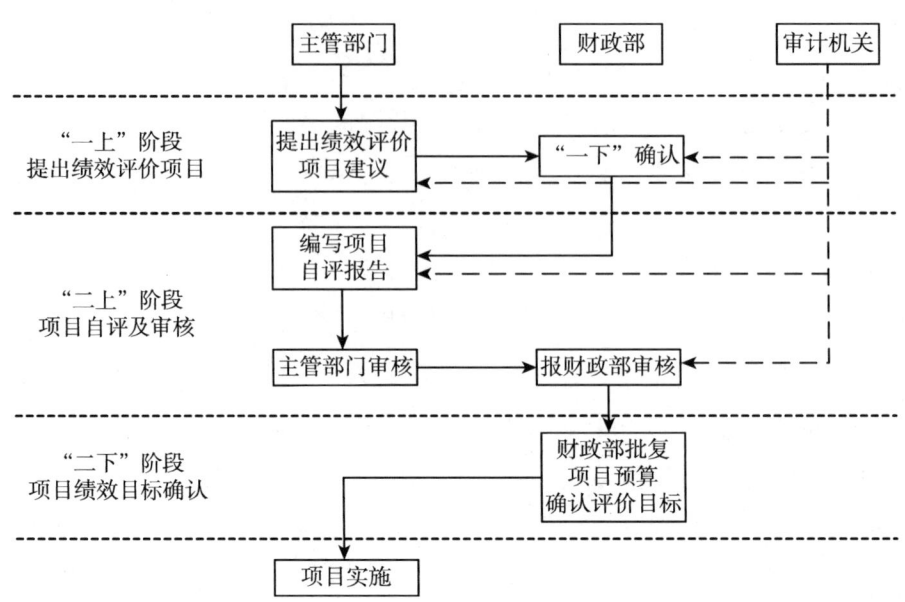

图 4-7 预算编制审批的绩效审计

在"一上"阶段,各部门提出进行绩效评价的项目建议。目前接受预算绩效评价的项目,是由预算单位自主筛选,筛选出的项目要和单位自身目标密切相关。未来绩效预算的覆盖范围必将逐步扩大。在此过程中,审计机关应当关注主管方筛选项目的方式,严格按照规章制度或政策导向选取预算绩效评价项目,防止预算部门"避重就轻"的情况发生。

在"二上"及"二下"阶段中,预算部门结合"一下"控制数,明确绩效目标。审计机关需要重点关注以下两方面的问题:第一,对项目自评情况监督检查。例如,项目目标是否足够明确、具体,预期目标是否合理、切合单位整体目标,权责是否明确,项目自评报告是否真实、完整、可靠等。这也为评价财政部门的项目筛选提供了证据材料。第二,对财政部门的审核进行监督。检查财政部门关于项目基本面评价的规范是否得以实施和完善。例如,财政部门如何评价项目设计是否清晰完整、定位是否合理,如何判断预算单位有无与项目实施相匹配的内部控制等问题。另外,审计机关还应当重点关注项目评价指标体系的合理性和生成过程,是否细化和量化,以确保项目评价独立、客观且有助于项目改进。

(三)优化内部控制

在财政预算审计监督的过程中,审计机关可以对行政事业单位或者其他预算单位的预算管理内部控制产生积极影响。

1. 部门支出预算编制

在部门支出预算编制过程中，目前的主要问题是，预算建议数的确定和上报往往流于形式。部门预算建议数上报，在实践中表现为"准备"阶段和"一上"阶段。这是财政部门根据当前经济环境和政策指导下达预算控制数的准备阶段，对财政部门的预算筹划有直接的影响。因此这两个阶段执行质量的高低，对最终形成的预算的优劣有决定性作用。遗憾的是，在实际操作中，两个基础阶段工作的科学性不足。普遍采用"基数加增长"的方式，不少部门甚至可以达到上年度预算额的150%，重要的基础性工作变得可有可无，"劣项目"挤压"良项目"的现象时常发生。

究其原因，一方面，预算的多报有利于资源对自身的倾斜分配。预算总额有限，各个预算单位互相竞争，都希望分配给自己单位更多的资金。另一方面，即便上报的预算建议数被认为很不科学，最多只会以上报数为基础被削减，而不会受到其他负面影响。

这里将部门支出预算分为基本支出和项目支出。基本支出预算需重点关注真实性，如人员的实有数和应有数，减少此类错误的发生。加强内部控制建设，可以避免真实错误的发生、增加舞弊的难度，从而保证支出部门基本支出编制的准确性，也可以促使预算上报的编制更加细化。在内部控制的范畴里，项目支出管理也十分重要，既要求合规管理，又需要对项目进行评价。在内部控制完善的情况下，项目库建设是一个不错的办法。

根据上述分析，建立优良的内部控制十分重要。财政部门对最终各部门的预算额有决定性作用。但是财政部门在技术和人力资源方面的监督能力有限，难以实施有效监督。审计的有效介入比财政部门参与监管更加可行。财政部颁布的内部控制规范可以帮助支出部门建立良好的内部控制系统，减少如人员应有数和实有数这类基础数据发生错误的概率，而审计部门则可以监督行政事业单位对此规范的执行，或者是对部门的执行情况提出内控改进建议。审计部门也可以监督支出部门项目库建设情况，评价项目筛选方法的合理性与规范性，既有助于提高上报预算的质量，也有助于后续的预算执行绩效审计工作，形成审计监督系统。另外，针对支出部门下一年度的收支预测方法，审计机关也需要检验，必要时可寻求专家帮助。这样既可以确保预算支出按计划数申请的合理性，也可以帮助财政部门更好地预测未来收支。

2. 财政部门预算决策

财政部门预算的决策主要是指"一下"阶段。在此阶段中，财政部门主要行使两大职能，即总额控制和部门间预算的分配。总额控制数，是财政部根据国家财政收支状况预测的估计结果，其最大的风险在于财政收入和支出总额的不确定性，对财政部门的执业能力有较高的要求，却无太多的利益冲突。而对于预算的分配，不单单要考虑项目本身，更是一个权力角逐的过程。尽管新预算法下财政部门在预算编制过程的地位大大加强，但是财政部门在决定部门间预算分配的时候仍然难以保证按照规章执行，可能受到各方面的异常压力。另外，财政部门自身的自由裁量权也很大，需要有合理的内部控制加以约束。

目前财政部门预算决策存在科学性不足的问题。例如，部分单位对本部门收支状况缺乏合理的预测和估计、支出预算编制不够详细，导致经常在年中增加支出或者调整预算。研究认为，问题可能源于执业能力有限、自由裁量权行使不够规范、权力干扰等因素。内部控制的一个重要方面是员工的培养，就财政部门而言，需要设定人员录用和培训的高标准，提升财政人员的执业能力。自由裁量权的限制，需要建立原则和规则相结合的方式。在规章制度未规定的范围内，提供合理的行为原则，以指导财务人员在行使自由裁量权时做出最优决策。针对权力干扰的问题，增加决策过程透明度、规范上下级沟通的合理方式都是可以采用的内控方法。

在此过程中，首先，审计机关可以重点检查人员招聘和培养机制是否健全，减少财政部门在人员招聘中的舞弊行为，在基础方面提升财政部门执业能力。其次，督促财政部门建立和执行有效的原则和规则，例如以国家政策为导向原则、以民生建设为优先原则等。最后，检查财政部门上下级沟通，以及各部门间沟通的方式是否合理有效，能否限制外界对预算编制的不合理干扰。

（四）信息支持

参考国外经验，以美国为例，审计机关对立法机关承担受托责任，审计提供的信息也是立法机关进行预算草案审批的一个重要信息来源，可以提高立法机关对预算草案的审议效率。

当前国内预算草案最终通过的审议权属于各级人大。预算草案的编制，是由财政部门在政府机关负责人的领导下做出的。人大的参与，体现为政府预算草案编制完成之后的审议，而且只有否定权没有修改权。在时间方面，预算草案的上报和经过人大审批要在短短45天内完成。在时间如此紧张的情况下，人大了解预算信息的效率就十分重要了。

目前人大可以通过财政部门的预算报告来及时获取信息，但这仅仅是预算单位的一家之言，需要有外部监督机构的声音才有更高的可信度。审计机关可以充当外部监督的角色，为人大决议提供信息支持。

具体而言，审计机关可以为人大提供各部门支出预算表、收入预算表等预算表的编制和上报是否真实、合法、完整的审计信息，提供有关项目的预算草案是否合理完成的审计信息，包括项目的申请材料真实完整、项目的筛选科学合理、预测绩效如何等。

但是目前较大的问题是，审计机关和财政部门同属于政府领导，难以直接向人大提供及时有效的审计意见。有关现行审计监督模式的改革，前面已作研究和探讨。

三、预算执行决算与审计监督

预算的有效执行是预算管理的直接目标。审计机关一直重点关注对预算执行和决算的审计监督。下面就预算的执行和决算过程中，审计机关的职责和工作方式进行研究。

（一）合规审计

与预算编制和审批相比，预算执行的合规性审计监督在实践中更为重要。预算执行涉及社会的方方面面，容易出现预算执行错误、低效、腐败等问题，牵扯更多的利益关系，严格的审计监督必不可少。预算的合规性审计主要是审查预算执行过程是否符合法律法规、内控的要求。

1. 预算收入合规性审计

税收收入是预算收入的重点组成部分，因而本部分内容，以税收收入为重点来考察预算收入方面的合规性监督。税收收入是国家依据税法等法律法规筹集的收入，2013年我国税收收入占公共财政收入的83.5%，而且税收流失状况比较严重（贾韶华，2015）。

根据预算收入执行的基本要求，预算收入的组织需要符合法规政策，应收尽收而不过收。相应的，审计机关针对税收收入的合规性审计主要集中在以下方面：

第一，针对税收人员行为的合规性检查。税收是国家的重要收入来源，涉及经济利益,极易产生腐败,税务人员有无违法行为就是监督部门应当重点关注的问题。审计人员需要检查税务部门的执法依据是否充分、公正;检查税务征收管理信息系统的输入、处理和输出是否正确;发票和税控机管理是否规范等。

第二,针对稽查工作的监督。稽查人员在税收源头上保证税收的完整性,对稽查工作的再监督也有利于从源头上防止税收流失。

2. 预算调整合规性审计

预算调整的合规性审计监督,可以通过对预算调整申请的原因、资格以及批准的合规合理性进行检查、审核新增预算资金的来源、限制财政部门资金自由裁量权等方式展开。

在具体的审计工作中,应当重点检查预算调整的原因是否符合标准、是否符合当时的经济环境。这主要是针对财政部门自由裁量权的监督。因为在实际的预算调整权力结构中,政府处于主导地位,政府权力运用的恰当与否对预算调整的合理性有决定性作用。另外,针对预算调整的源头,即支出部门,需要检查其预算调整申请材料是否完整真实,检查其预算调整后的资金收支是否符合预算调整的理由。总体而言,应当对预算调整的整个流程实施合规审计监督。

3. 预算支出合规性审计

审计机关应当就是否严格按照预算拨款、支出进行审查,具体可以从以下方面入手:

基本支出检查。预算基本支出主要包括薪酬支出、补助支出、基本工作支出三个部分。以往的审计调查中,预算部门人数不实的情况时有发生。因此,审查基本支出时,审计机关应当对比单位人员的实有数和预算编制提供的人数,防止薪酬或补助冒领,严查单位"挂靠",将非预算单位排除在预算支出范围之外,防止财政资金被窃取。

项目支出审计。项目支出在总预算支出中占有很大比重,支出项目包括资产购进、设备或建筑修理、重大会议支出等方面,在申请项目资金时需要提供《项目申报书》,审计机关应当审查项目材料的真实性,检查有无虚报项目、或者多报项目支出的情况;审查立项的目的,立项是否是必需的,杜绝为了骗取预算资金而随意立项;立项的支出项目是否细化,防止项目执行过程中的资金浪费,减少腐败行为的发生;审查项目的执行时间与申请是否相符,当年立项、当年执行。

4. 决算合规性审计

决算审计也是审计机关的重要职责。新预算法要求决算草案应当编报完整、数据真实准确。审计机关实施决算草案审计时，需要重点关注完整性和真实性问题。

决算草案涵盖了预算的收入、支出和绩效、资金结转使用情况、资金结余、预算调整情况、举债情况等（来宾，2016）。就其真实性而言，应当检查是否存在不真实的收入、支出或结转。排查是否存在虚报支出侵吞国家财产，是否存在为了政绩而虚增收入，是否存在支出或收入结构的人为调整等情形。在完整性方面，应当检查本级财政决算草案是否完整，是否存在未纳入决算草案的资金流，是否存在未纳入预算管理的项目。另外，也需要检查，决算草案的编制过程中是否存在违规行为，编制流程是否符合内部控制规范等。

（二）绩效审计

预算绩效评价包含了很多方面，例如制度和规范的制定、评价指标体系的建立等，也包括预算的编制过程。但是预算绩效从根本上体现的是收入和产出的关系，实质上是评价财政支出的效果，因此重点研究预算支出的绩效审计。

政府预算支出执行，就是按照政府支出预算分配和使用财政资金的过程。预算支出旨在为实现政府的各项职能提供相应的财力保证，涉及用财之道，要求统筹兼顾、保证重点、照顾一般。因此，政府财政支出的执行情况，直接关系到政府各项职能和社会公众需求得以满足的程度，也是政府预算管理非常重要的环节。

在预算绩效审计方面，审计对资金使用效益的监督作用，能够抑制财政资金的浪费和腐败行为，促使预算资金的使用发挥最大作用。具体而言，可以从以下几个方面着手：

第一，审查预算绩效管理是否与原计划相符。例如检查各项目的绩效信息是否得以恰当记录，资金是如何使用的，是否和原计划发生偏差，并查找发生偏差的原因。

第二，针对项目绩效目标评价的审查。例如项目的进展情况是否符合预期，效率和产出是否实现了年度绩效目标，绩效评价指标和方法是否得到合理运用等。审计结果也可用于提出整改方案，为下一年度预算草案的编制提供依据和建议。

预算支出的绩效审计仅依靠审计署是远远不够的。未来绩效审计的实施，需要借助第三方,例如会计师事务所的审计力量。审计机关可以执行合规性审计和绩效审计。第三方可以接受人大、财政部门或预算单位的委托,重点执行各类绩效评价审计。第三方审计和审计机关的整合将有利于绩效审计工作的开展。初步设想未来各主体在预算支出执行和绩效评价中的关系,如图4-8所示。

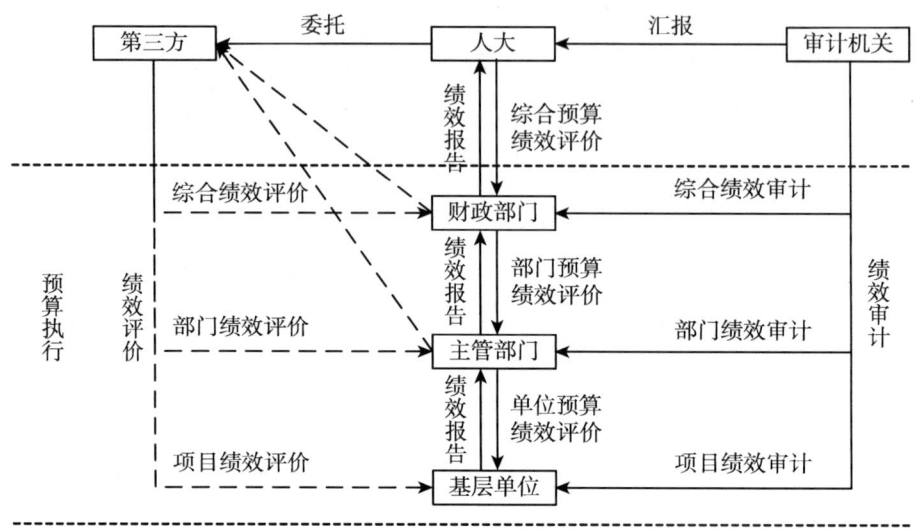

图4-8 预算执行决算阶段的绩效审计

(三) 优化内部控制

具体而言,审计机关可以通过以下方式更好地指导预算部门的内控建设。

1. 促进全口径预算规范管理

新《预算法》要求政府的全部收入和支出都应当纳入预算,将"四本预算"(一般公共预算、政府性基金预算、国有资本经营预算、社会保险基金预算)统一起来,这为统一核算科目提供了法律依据。但是目前"四本预算"的核算口径、核算方法都有一定的差异,难以做到财政资金的统一预算管理。例如,社会保障基金和国有资本经营方面的资金纳入统一预算管理的比例都很低。

核算科目是审计工作执行的重要工具。为了审计财政预算的某一个项目,审计机关往往需要横跨几个部门或者地区,但是目前存在不同部门或地区核算科目有区别或者科目口径设置不同等问题,致使以科目出发的审计追查难以进行。另外,被审计单位上下级之间的核算差异也会对审计产生额外的干扰。

在预算执行审计工作中,审计机关应负有促进全口径预算的监督职责。如果财政资金未能全部纳入预算管理,审计人员有责任督促预算部门制定相应的制度规范，以帮助实现财政部门对资金的统一管理。在核算科目方面，审计机关从整体上对财政预算管理实施监督，能够更好地从总体出发提出预算科目规范统一的建议。这样既方便审计机关开展审计工作，提高审计效率，也利于帮助实现财政部门的全口径预算规范管理。

2. 促进绩效评价建设

预算项目的绩效评价一直是各国预算管理工作的难点。当前我国的预算绩效评价体系和相关制度是由财政部门制定的，建设工作并不完善。一方面，对预算绩效的客观量化比较困难；另一方面，与预算绩效衡量有关的制度建设相对滞后。

在未来绩效审计的工作要求下，审计机关也面临着缺少评价体系和制度的问题。因而审计机关应当和财政部门积极合作，督促财政部门尽快建立合理可行的预算绩效评价体系和相关制度。

在评价体系建设方面，审计机关要重点关注评价指标的生成过程，确保各指标计算结果的可靠性。在制度建设方面，规则合理当然是审计的基础，而原则也十分重要，审计机关应当协助财政部门建立可操作性强的规则和原则。

3. 健全预算调整的约束机制

预算调整是指在预算执行时，由于经济政治环境等因素的改变，预算执行的某些部分会和原先的预算不能契合，为了使其和实际情况相符、同时保证收支平衡，依据实际情况的变化对预算进行的调整。预算调整有利于政府对财政资金进行有效管控，也会使预算具有一定程度的灵活性。

目前实践中存在预算调整滥用的情况，缺乏有效的约束机制，导致预算约束力被弱化，不利于经济社会的健康发展。为了规范这种行为，一方面，审计机关可以与财政部门协同探讨预算调整的约束条件，从根本上整治预算调整的发起不受约束、预算调整无有效问责机制的问题。另一方面，审计机关可以指导和监督预算部门建立合法合规的预算调整申请流程，建立适当的调整标准，并督促其有效实施。

4. 推进信息化建设

这里的信息化建设包括两个方面：第一，被审计单位的信息化建设。信息技术是目前管理工作的重要工具，也是大数据时代的要求。预算执行过程的信息化可以减少预算过程中错误的发生，人工处理数据往往会出现更多的数据错误。信息化有利于部门预算编制和执行过程的实时控制，也有利于各部门间或上下级间的信息沟通,上级部门通过数据库直接观察到下级部门的预算执行情况,不同部门的交流也可以通过信息共享完成。第二,审计部门本身也需要信息化建设。审计对预算的监督工作,大部分是对资金的流动和使用的监控,资金流动数目繁杂、次数频繁,仅依靠传统的审计方法根本不可能完成全面的预算审计,而全流程的预算审计恰恰是全覆盖的审计目标要求。

具体而言,审计机关可以参与预算部门信息系统的设计、审批以及测试等工作,以检验信息化建设情况,寻找信息系统存在的漏洞,提出改进建议,促进部门内部或者部门之间的信息化建设。另外,考虑审计机关和预算部门信息技术的对接,加快信息的整合。大数据支持下的审计监督网络正在逐步构建,不少地方已有试点,本章前面部分进行了初步的探讨。

第五章 包容性增长框架下财政预算审计监督一体化改革技术路径

绩效审计是财政预算审计监督系统自身发展丰富的必然结果和高级阶段,也是包容性增长框架下实现审计监督与预算管理良性互动的重要技术手段。首先,在学习借鉴美国、最高审计机关国际组织①(International Organization of Supreme Audit Institutions, INTOSAI)审计准则的基础上,构建我国财政预算审计监督的绩效审计指南。包容性增长框架下,要想实现审计全覆盖,必须整合审计资源,吸收注册会计师审计力量。因此,探讨了社会审计参与财政预算审计监督的具体管理办法。最后,鉴于内部控制的健全完善是确保审计监督与预算管理两个社会系统协调配合的基本前提,而我国目前内部控制评价方面的理论实践明显不足,为政府部门内部控制评价指引提供了框架设计。

第一节 财政预算绩效审计监督技术指南的构想

在学习借鉴美国、INTOSAI 审计准则的基础上,构建我国财政预算审计监督的绩效审计指南。

一、国外财政预算绩效审计监督的技术规范

(一)美国的绩效审计准则

美国没有单独的绩效审计指南,相关技术要求包含在《政府审计准则》之

---

① 最高审计机关国际组织,是由联合国成员的最高审计机关组成的非政府间国际性组织,创立于1953年,旨在互相沟通情况、交流经验、推动和促进各国最高审计机关更好地完成本国的审计工作。

中。该准则最早是于 1970 年颁布，由会计总署和美国联邦预算管理局联合研究并起草的，原名《政府机构、项目、活动和职能的审计标准》，后改称《政府审计准则》（Government Auditing Standards）①。该准则适用于政府部门的审计人员以及接受联邦资助的企业的审计人员实施的审计业务。经过 1981 年、1988 年、1994 年、2003 年、2007 年、2011 年以及 2017 年七次修订，绩效审计的技术标准和要求日趋成熟。

根据 2017 年最新修订的《政府审计准则》，美国绩效审计准则的内容框架如表 5-1 所示。

表 5-1　　　　　　　美国绩效审计准则的内容架构

分章	小节	具体内容
一般准则	引言	适用范围和总体要求
	独立性	①独立性的定义；②独立性的基本要求；③独立性的涵盖期间；④独立性的概念框架；⑤独立性的可能威胁、防范和控制措施，以及概念框架的应用要点；⑥为被审计单位提供非审计服务的情形；⑦审计工作底稿
	职业判断	①基本要求；②定义；③运用职业判断的情形
	专业胜任能力	①基本要求；②定义；③技术知识；④后续职业教育
	质量控制和保证	①基本要求；②质量控制制度；③外部同业复核
外勤准则	引言	总体要求和内容说明
	合理保证	合理保证的定义和基本要求
	审计风险	审计风险的定义及其降低措施
	计划审计工作	①基本要求；②了解项目的性质、状况以及审计报告预期使用者的需求；③了解与审计相关的内部控制；④了解与审计相关的信息系统控制；⑤了解与审计相关的法律法规条款、合同援助协议以及可能的舞弊和滥用行为；⑥了解正在进行的调查或者法律诉讼；⑦了解以前期间审计或者鉴证业务的结果；⑧确定用以评价鉴证对象的标准；⑨确定审计证据的来源以及所需证据的数量和种类；⑩确定是否利用其他审计师或者专家的工作；⑪分配审计人员和其他资源；⑫与被审计单位的管理层、治理层或其他相关人员沟通审计的计划和实施安排；⑬编制书面的审计计划
	绩效审计的重要性	绩效审计重要性的定义和影响因素

---

① 美国政府审计准则也称 Yellow Book，即黄皮书准则。

续表

分章	小节	具体内容
外勤准则	督导	①基本要求；②督导的内容；③督导程度的影响因素
	获取充分、适当的审计证据	①基本要求；②适当性及其判断标准；③充分性及其判断标准；④对审计证据的总体评估；⑤审计发现的内容要素（标准、情形、原因、影响）；⑥内部控制缺陷的早期沟通
	审计工作底稿	①基本要求；②审计工作底稿的形式和内容；③审计工作底稿的作用；④审计工作底稿的要素；⑤审计工作底稿的质量要求
报告准则	引言	总体要求和内容说明
	审计报告的格式	①基本要求；②格式选择；③业务终止；④期后事项的情形
	审计报告的内容	①基本要素；②绩效审计的目标、范围和方法论（需要描述程序、关键假设、分析方法、评价标准等）；③审计发现（需要描述背景信息、发现的问题、识别出的内控缺陷、舞弊、违反法律法规和合同约定的行为以及滥用资金的行为、审计工作的局限性和不确定性，向被审计单位以外的相关机构或人员的报告）；④审计结论（需要基于审计发现对项目情况进行合理分析，而非仅仅将问题罗列出来）；⑤审计建议（需要针对所发现的问题、缺陷以及有改进空间的项目和运作，提出有效审计建议）；⑥对遵循审计准则的说明；⑦对被审计单位相关负责人员观点意见的报告要求（报告被审计单位意见的目的、形式，被审计单位意见与审计师不一致的情形，以及被审计单位拒绝出具意见的情形）；⑧对机密、敏感信息的报告要求（省略信息的要求、单独报告的要求）
	审计报告的发送	不同情形下审计报告的发送要求

（二）INTOSAI 的绩效审计指南

2004 年，INTOSAI 基于其政府审计准则，制定并发布了《绩效审计的实施指南》，该指南的内容架构如表 5 - 2 所示。

表 5 - 2　　　　　　　INTOSAI 绩效审计指南的内容架构

分章	小节	具体内容
引言		指南的目的、制定依据、使用说明（解决共性基本问题，广泛经验的总结）
什么是绩效审计	绩效审计的定义	独立审查政府工作、项目的经济、效率和效果性，帮助改进管理
	绩效审计的特点	①灵活性；②广泛性；③多样性；④复杂性；⑤分析性

续表

分　章	小　节	具体内容
什么是绩效审计	绩效审计的理论基础	①公共受托责任、合法性和信任是重要价值观。②政府事项的经济性、效率、效果的评价是非常重要的，因此，审计是有必要的。③可靠、独立的信息非常重要。审计人员需要代表公众利益，审核并且披露当前的状况。④了解和调查政府活动、并能够影响和改善活动绩效，是非常重要的，需要具备胜任能力的审计人员来完成这一任务，以促进学习和变革
	绩效审计的基本问题	①做事情的方式对吗？②所做的事情是对的吗
	经济性、效率性和效果性的定义	①经济性，保证质量的前提下，降低所用资源的成本；②效率性，是指最大化限度地利用可用资源；③效果性，是指实现设定的目的或要求
	公共管理对绩效审计的影响	公共管理的运行模式影响绩效审计的工作重点。在那些公共管理更多关注过程而非结果的国家，审计人员关注的焦点也同样是规定是否被遵守和执行。而在那些将管理作为目标和结果的国家，关注的焦点也就不同
	绩效审计与绩效评价、项目评估的关联	①绩效评价与绩效审计。绩效评价涉及项目行为（过程）、项目直接产品和服务（产出）以及产出的结果（影响）。绩效审计因其期间性的本质，可以用作管理的预警系统，以及社会公众问责的重要工具。②项目评估与绩效审计。项目评估是一项单独的系统的研究，用于评价一个方案运行得如何，涉及更加广泛的背景信息。绩效审计的范围更广，涵盖项目评估的内容
	分析目标和方法的分类	①以问题为导向的分析方法；②以结果为导向的分析方法
政府审计准则在绩效审计中的应用	审计准则如何应用于绩效审计	①明确审计委托和总体目标；②绩效审计必须在受托范围内自由选择审计对象；③绩效审计通常是事后审计；④立法目标是绩效审计中必须考虑的基本问题；⑤应当要求并且确保高质量的专业工作
	针对绩效审计人员的一般要求	①绩效审计人员所需的特殊专业技能；②必须有效、专业、谨慎地实施审计工作
	其他重要的保障措施	①应当对信息质量提供合理保证；②应当与相关政府部门进行良好沟通；③应当对执行的工作进行适当督导；④利用专家工作时的特殊考虑

续表

分　章	小　节	具体内容
外勤准则和指南：绩效审计的发起和计划	绩效审计的循环	①战略计划；②审计工作的准备；③主体研究；④后续跟进
	绩效审计的战略计划	①确定潜在的审计范围；②确立评价标准（增加的价值、重要的问题或者问题领域、风险或者不确定性）
	单项绩效审计的计划工作	①定义有待研究的具体问题和审计目标；②确定审计范围和审计方案；③确定质量控制程序、时间进度和审计资源
外勤准则和指南：绩效审计的实施	主体研究阶段的特点	①绩效审计主体研究阶段的目的是实施工作计划、执行审计业务和出具审计报告；②绩效审计必须依照最佳实务的方式开展；③绩效审计的开展可以视为一个分析和沟通的过程；④审计人员和被审计单位之间坦率、建设性的沟通是最理想的情形，但需要保持审计人员的诚信；⑤审计工作必须按照计划实施并且符合相关的准则
	收集数据时需要考虑的问题	①数据收集的质量以及工作记录；②审计人员应当在收集审计证据的过程中保持创造性、灵活性和谨慎性；③既要对所获取的信息保持客观谨慎的态度，也要善于接纳各种观点和意见，能够搜集不同来源和相关方的信息
	审计证据和审计发现的特点	①审计证据可以分为实物证据、书面证据、口头证据和分析证据；②审计证据应当充分、适当、相关；③审计结论是指基于审计发现形成的陈述；④审计发现是将审计观察的情况与标准进行比较的结果；⑤确定审计发现以后，审计人员需要进行两方面的评估，一是评估审计发现的重要性，二是评估审计发现的原因
	如何应对需求变化或者矛盾的环境	①设计合理的工作计划有助于避免审计人员陷入细枝末节和大量数据之中；②为避免不必要的冲突，审计人员应当深入了解每项审计业务的具体情况；③如果出现冲突，审计人员应当尽量公开存在分歧的不同观点，以期真实、公允地反映最终审计结果的全貌
	分析数据、形成结论时需要考虑的问题	①资料分析的最终阶段需要整合不同来源的分析结果，没有通用的方法完成这项工作；②在实施绩效审计的过程中，审计人员需要在各种论据甚至相互对立的观点中谨慎地权衡；③审计结论的形成应当基于审计目标、合理性以及特定的项目目标和标准；④在发布绩效审计报告之前，应当与被审计单位沟通审计工作的结果；⑤审计建议应当是恰当、合理的，以事实为基础，并且能够切中问题的要害

续表

分　章	小　节	具体内容
报告准则和指南：绩效审计结果的发布	最终审计报告需要关注哪些内容	①审计人员应该编制书面审计报告；②建议采用持续性的报告编制过程。在审计工作的初始阶段，编制审计报告的提纲，逐步发展细化为讨论稿，最终形成正式的审计报告
	审计报告的可靠性要求	①完整性；②准确性；③客观性；④具有说服力；⑤清晰性；⑥简明扼要
	高质量的绩效审计报告的特点	①分别阐述审计发现和审计意见；②以第三方的方式介绍事实；③给出新的意见和建议；④囊括所有有关的现象和结果；⑤报告具有建设性，并提出积极的建议
	绩效审计报告的发布要求	审计报告内容的完整性以及公开的广泛性是提升审计活动可信度的重要手段。如果条件允许，应当将每项绩效审计工作的结果以单独报告的方式公开
	后续跟进工作的目的	①提升审计报告的有效性，后续跟进工作的主要目的是增强审计建议的执行力度；②有助于引导立法部门的后续行动；③有助于对审计组织本身的工作绩效进行评价；④有助于激励学习和进步
附　录	附录1	绩效审计的方法论
	附录2	绩效审计的标准
	附录3	审计证据和审计工作底稿
	附录4	审计沟通和质量控制
	附录5	绩效审计与信息技术
	附录6	基于环境问题考虑的绩效审计活动
	附录7	制度导向的绩效审计方法：一个理论框架

二、我国财政预算绩效审计指南的框架构想

（一）我国财政预算绩效审计指南的总体架构

学习参考国外的准则规范，并结合我国国情，拟构建我国财政预算绩效审计指南的基本框架，如图5-1所示。

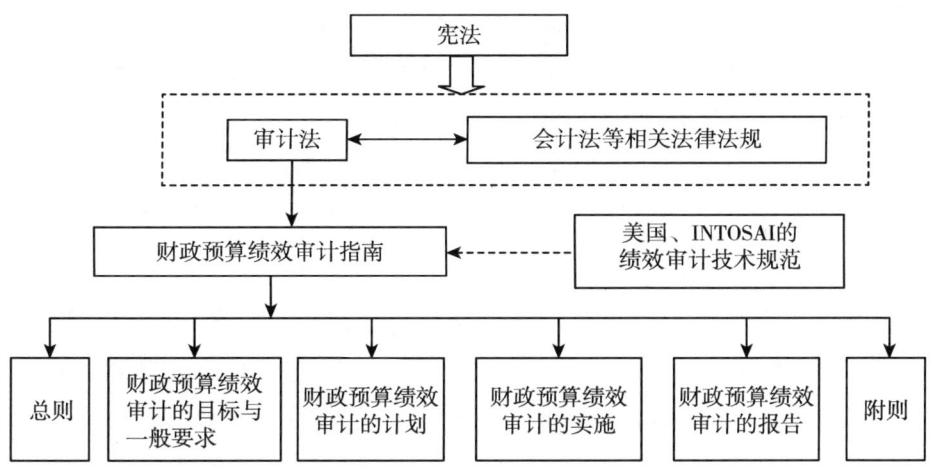

图 5-1 财政预算绩效审计指南的总体框架

（二）我国财政预算绩效审计指南的设计要点

在制定该审计指南时，需要注意把握以下几个问题：

1. 财政预算绩效审计指南的定位

财政预算绩效审计与传统的财务报表审计有很大的差别，很难采用统一、具体的准则使其规范化。因此，在编制指南文件时，只能从大体上规范审计程序、报告格式等，需要留给审计人员足够的专业判断空间。

2. 财政预算绩效审计的审计目标

按照《中华人民共和国预算法》等国家有关规定以及本指南的相关要求实施财政预算绩效审计业务，其总体目标是加强预算管理，提高财政预算资金的使用效益。财政预算绩效审计的一般目标，为所有的财政预算绩效审计所共有。大体上可概括为旨在提高财政预算管理的经济性、效率性和效果性。财政预算绩效审计的具体目标，是针对审计对象的一般目标的进一步细化。面对不同的审计对象，其具体目标也各不相同。

3. 财政预算绩效审计的一般要求

财政预算绩效审计的一般要求应当包括四个方面的内容：独立、客观和公正；有效性、职业谨慎态度；专业胜任能力；对利用专家工作的考虑。

（1）独立、客观和公正。

审计人员应当恪守正直坦诚、客观公正、勤勉尽责、保守秘密的基本职业道德原则，积极维护国家利益和公共利益，坚持原则、不屈从于外部压力，不隐瞒审计发现的问题，不歪曲审计结论。

(2) 有效性、职业谨慎态度。

在实施财政预算绩效审计工作时，审计人员需要勤勉尽责，获取相关、可靠和充分的证据，使得其他有经验的专业人士能够得出相近的结论。这就要求审计人员在制定审计目标，决定审计对象、审计方法、审计范围、需要报告的问题和总体审计结论时，恪守职业谨慎态度，作出合理的专业判断。

(3) 专业胜任能力。

财政预算绩效审计需要具备特殊的专业技能。审计人员必须经过良好的教育，一般要求其有大学学历和调查评估方面的工作经验，突出的个人品质，例如良好的分析能力、创新能力、接受能力、社交技巧、诚实公正、判断力、承受能力、口头表达和书面沟通能力等。此外，实施财政预算绩效审计工作的审计人员还需要接受社会科学以及调查评估方法方面的良好教育。审计机关应当制定程序确保员工通过继续教育和培训保持专业胜任能力，以满足审计准则规定的各项素质要求。

(4) 对利用专家工作的考虑。

财政预算绩效审计的专业性、技术性较高，通常需要利用专家的工作。在利用专家的工作之前，审计人员应当确保专家具有实现审计目标所需的专业胜任能力。所需的专家，是指在会计审计以外的某一特殊领域拥有专门技能、知识和经验的单位或个人。审计人员必须确保专家独立于被审计活动或项目，并将所需的条件和道德规范告知专家。此外，尽管审计人员可以利用专家工作的成果，但仍应对财政预算绩效审计报告中的结论承担全部责任。

4. 财政预算绩效审计的计划

在计划审计对象范围时，需要考虑下列因素：

(1) 增加的价值（含社会效益、经济效益和生态效益）。

确定审计对象时，首要工作是衡量其创造的价值大小，创造价值大的项目相比于创造价值小的项目应优先考虑。

(2) 财政预算金额。

财政预算绩效审计，通常以资金审计为切入点。在选择拟测试的项目时，需要重点考虑的是相关资金量的大小。资金量大的项目应优先考虑。

(3) 财政预算绩效审计项目的重要性。

财政预算绩效审计项目的重要性，是指该项目在当地经济社会发展中的重要作用。通常需要考虑其对相关部门或者单位的重要性、地方经济增长对项目的依赖性以及是否为国家战略发展规划项目等。

（4）社会公众的关注度。

随着民主的进步、公民权利意识的增强，社会公众对财政预算绩效问题的关注度，成为审计人员遴选审计项目的重要参考因素。一般而言，社会公众普遍关心的财政资金使用问题、曾经出现过违法违规行为的部门、单位或者项目等都是需要特别考虑的因素。

（5）被审计单位内部缺乏良好管理的风险。

被审计单位存在的对其工作效率和效果产生负面影响的事项，如人员流动性过大、持续的入不敷出、岗位职责设置不合理等。

（6）以前的审计覆盖情况。

这里"以前的审计"包括审计机关实施的审计、第三方机构实施的审计、内部审计部门实施的审计以及项目评价等。对于之前两年未被任何审计覆盖的项目，在该年度被覆盖的概率较高。

5. 财政预算绩效审计的实施

财政预算绩效审计的工作思路可以概括为以下步骤，如图 5-2 所示。

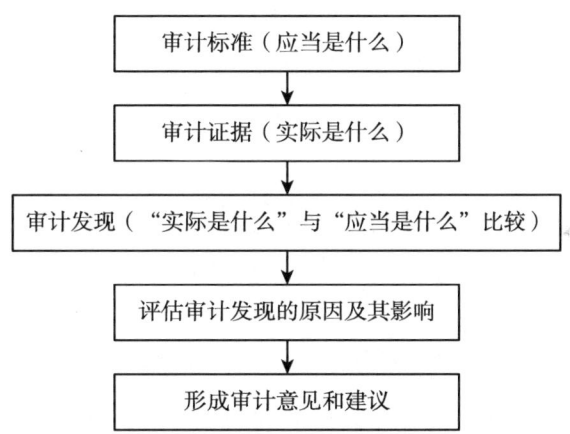

图 5-2　财政预算绩效审计的工作思路

（1）明确财政预算绩效审计的标准。

区别于传统的财务报表审计，财政预算绩效审计难以找到统一、明确的标准，这也是实务中无法回避的困难。审计目标分为总体目标、一般目标和具体目标，相应地，标准也应当是分层次的。鉴于财政预算绩效审计对象的多样性，审计标准也应考虑个体的差异性。

(2) 获取财政预算绩效审计的证据。

在财政预算绩效审计的实施过程中，作为审计证据使用的信息和数据既可能是定量的，也可能是定性的。审计人员应当依据审计目标和正在研究的问题选取最适当的证据获取方法。常用的方法包括：文件审阅法、二手资料的评价和使用、调查法、研讨会法、案例研究法等。

(3) 确定财政预算绩效审计的发现。

将审计所观察到的情况与审计标准进行对比可以得到审计发现。审计发现的获得和评价需要贯穿财政预算绩效审计的全部阶段。计划阶段或初步调查阶段所确定的潜在审计发现应当在详细检查阶段予以追踪。

(4) 评估财政预算绩效审计的发现。

审计发现一经确定，审计人员即需实行评估，包括初步确定的重要性以及形成原因。审计发现的详细评估一般在撰写审计工作底稿或审计外勤工作快结束时完成。但是，如果发现了新的审计证据或者存在质疑，则需要将审计发现的评估延伸至最终的报告阶段。

审计发现的影响在许多情形下都可以予以量化。例如，财政预算资金的投入和实际开支的成本都可以进行估计。资金管理低效率的影响，例如设备闲置或者管理不善，也可以表现在延误时间以及资源浪费等方面。此外，某些定性的影响，例如缺乏控制、决策失误的影响，可能也是重大的，同样需要加以确定。

(5) 提出财政预算绩效审计的意见建议。

审计人员需要依据审计发现，提出相应的审计意见和建议，包括针对审计发现的影响提出纠正措施。如果影响已经发生或者正在发生，审计人员应当确定，目前是否已采取补救措施防止其再次发生。如果相关的影响尚不能容易地确定，审计人员则可能需要推断其对未来政府部门管理或者项目管理等方面的可能潜在影响。

6. 财政预算绩效审计的报告

财政预算绩效审计的报告区别于传统财务报表审计报告，财政预算绩效审计报告体现出的特点有：①详式报告，报告内容重点不再是审计意见，而是根据被审计单位的状况详细阐述其问题并提出详尽的改进建议；②报告格式灵活性，不再要求所有的报告均按照统一的格式披露相同的内容；③结论的非强制性，更多地以商讨、说服性的语句阐述审计结果；④审计意见的深入性，不仅仅指出问题所在，更重要的是提供解决问题的方法。

一份完整的财政预算绩效审计报告，需要包括这些基本要素：①审计依据，包括相关的法律支持；②审计的基本要素，涵盖目标、范围、期间等事项的介绍；③责任划分，包括被审计单位管理层和审计主体的责任；④被审计单位介绍；⑤财政预算绩效审计的评价标准；⑥审计结论，包括主要事实、审计意见及修改意见等；⑦被审计单位存在的重大缺陷及修改意见；⑧适当的审计意见等。

（三）技术指南建设工作中的几点想法

第一，我国财政预算绩效审计的推进已具备基础的政治、经济、法律等条件，指南建设工作需要尽快进行。

第二，财政预算绩效审计的顺利开展依赖于绩效审计技术规范的制定。由于我国起步较晚，应适当借鉴西方发达国家的经验，制定出符合我国国情的《绩效审计指南》。

第三，财政预算绩效审计能否有效发挥其监督职能，依赖于政府职能部门内部控制的完善、适当的绩效评估标准的选择以及复合型审计人才的培育等。

第四，财政预算绩效审计的建设不能只依靠审计机关。我国注册会计师行业在人员数量、职业能力以及实践经验等方面具有明显的优势，因此我国财政预算绩效审计的推进应适当引入第三方中介组织的参与。

第二节 社会审计参与财政预算审计监督的管理

政府审计资源是有限的，要想实现包容性增长框架下的审计全覆盖要求，需要借助社会审计的力量。下面从法律制度和具体措施两个方面来探讨社会审计参与财政预算监督的管理办法。

一、法律制度保障建议

全面建立社会审计机构参与财政预算审计监督的制度，亟须通过法律法规予以固化，为社会审计监督提供有力的法律支撑①。

（一）全国人民代表大会

作为立法机关，全国人大及其常委会需要积极推进预算法、会计法以及其他相关法律的修订，完善财政预算审计监督体系，明确社会审计机构参与国家财政预算审计监督的内容、程序以及监管要求，为社会审计机构参与财政预算审计监督提供强有力的法律支撑。

（二）国务院

国务院作为国家最高行政机关，需要积极推动和完善财政预算审计监督体系的建设。首先要制定相关的法规制度，规范社会审计机关参与财政预算绩效审计的管理，如《社会审计机构参与财政预算绩效审计实施条例》《财政预算绩效审计监督指引》等，保障社会审计机构在参与财政预算审计监督时有据可依，要保护社会审计机构的权益，确保机构有权依照规章获取充足、恰当的审计证据。其次是要协调好各个部门与社会审计机构的联系，向各个部门明确财政预算审计监督的重要性，要求其积极配合社会审计机构的工作，接受社会审计机构对其财政预算进行审计。

（三）各级地方政府

除了中央预算外，各级政府的财政预算也需要进行监管。各级地方政府应该根据《预算法》、财政部关于加强财政专项资金管理的有关要求，制定相关法规，建立社会审计机构参与财政预算审计监督制度。如上海市财政局在2010年9月颁布的《关于市级财政专项资金实施注册会计师审计制度的暂行办法》，在市级财政专项资金方面，明确了审计监督的内容和委托审计的程序。

（四）中国注册会计师协会

中国注册会计师协会在发布的《注册会计师业务指导目录（2014年）》中，增加了关于政府采购服务的财政预算资金相关业务，包括6项专项审计业务和66项其他鉴证业务。委托人均是政府各相关职能部门或者预算单位，具备专业能力胜任要求的会计师事务所及其注册会计师均可按照现行法律法规正常参与这些项目的审计。

---

① 吸收社会审计力量参与财政预算审计监督，可以对财政预算资金及其管理的真实性、合规性、绩效性进行全面审查和监督。2012年财政部预算司《预算绩效管理工作规划（2012~2015年）》提出，"探索引入第三方参与绩效管理工作……，逐步扩大第三方参与的范围，提高评价结果的权威性和公正性"。目前，绩效评价工作，已经成为注册会计师参与财政预算审计监督最主要的方式。鉴于此，本部分就社会审计参与财政预算审计监督、特别是绩效评价的业务活动，探讨相关的管理办法。

为了提高会计师事务所及其注册会计师的积极性，中注协可以对参与审计监督的会计师事务所及其注册会计师进行奖励，并在会计师事务所综合评价排名中加入该项指标，以提升会计师事务所的品牌声誉。同时中注协也不能放松对会计师事务所参与财政预算审计监督的监管，严格按照《会计师事务所财政支出绩效评价业务指引》和《会计师事务所执业质量检查制度》的要求，对会计师事务所参与的审计监督业务进行质量检查。

二、具体管理措施方法

（一）筛选财政预算审计监督项目

在筛选项目时，需要考虑项目成本效益、项目的专业性、项目的保密性和项目的风险性等因素。

1. 项目成本效益

购买社会审计服务参与财政预算审计监督的驱动因素之一，是降低业务成本、提高审计监督效率。可以采用招投标的方式，确定承接审计监督业务的会计师事务所。在挑选事务所时，业务费用是需要考虑的重要因素，而非决定性因素。后面将详细讨论招投标过程制度的设计以及综合评价标准。

2. 项目的专业性

财政预算审计监督不同于以往的财务报表审计和内部控制审计，它对专业技术要求很高。执行财政预算审计的人员不仅要具备过硬的财务会计知识，还要具备财政学、金融学、统计学等综合学科的知识。

政府在购买社会审计服务参与财政预算审计监督之前，要充分了解拟选取的会计师事务所及其注册会计师是否具备执行财政预算审计监督业务的专业胜任能力。为了培养更多的能够参与财政预算审计监督的审计人员，政府财政部门可以单独或者联合相关科研机构举办培训班，并要求社会审计机构选派人员参与。

3. 项目的保密性

如果财政预算审计监督涉及机密信息，为了保护国家安全和人民利益，不宜让社会审计机构参与其中。例如国防预算、大型军工项目预算，以及尚未对外公开的国家工程或研究项目等。对于一些常规性、基础性、民生性的财政预算审计监督业务，可以选择合适的社会审计机构参与，从而提高财政预算审计监督工作的整体效率。

4. 项目的风险性

在筛选项目的时候，还需要考虑项目本身的风险性。如果财政预算审计监督项目本身的风险较高，为了保证审计质量，不宜让社会审计机构参与。从社会审计机构角度看，财政预算审计监督项目的风险越高，自身声誉受到影响的概率就越大，因此也不愿意接受高风险的审计业务。财政部门可以筛选一些中低风险水平的审计项目交给社会审计机构，这样既可以保证审计质量，还可以提高审计效率，节省审计成本。

（二）聘用社会审计机构

1. 对社会审计机构的初步评价

（1）社会审计机构的资质。

财政预算审计监督是重大国家审计事项，在聘请社会审计机构参与该项审计业务时，要充分考虑社会审计机构的资质。目前相关部门尚未对会计师事务所从事财政预算审计监督业务的资质做出具体规定。建议财政部门制定相关文件，对满足一定条件的会计师事务所，授予其执行财政预算审计监督的资格。

在未建立财政预算审计监督资格制度之前，可以考虑结合会计师事务所排名，从具备证券期货业务资格的会计师事务所中挑选。这些事务所具备审计上市公司的资格，具有较高的专业素质和丰富的人力资源，基本能够符合财政预算审计监督的要求。

（2）评价社会审计机构的专业胜任能力。

财政预算的审查是一项复杂的社会、经济调查工作，要求具有高水平的分析、判断和确认技能。因此，需要审计人员接受过良好的教育，具有一定的学历和工作经验、专业熟练程度和良好的工作能力，了解特定项目的外部环境和内部情况，具备相当的逻辑归纳能力、社会调查能力、写作能力和交流沟通能力。

会计师事务所在组建项目组、委派人员时，需要考虑团队是否具备以下知识与技能：绩效评价相关知识，以及运用这些知识所需的职业判断能力和经验；与政府组织、项目和职能相关的知识及其理解；预算管理、项目管理和财务管理等方面的专业知识及其应用；与具体评价业务相关的公共管理、财务会计、管理会计、专业统计、工程造价、信息技术、审计、咨询、管理学、社会调查等专业技能应用能力。

(3) 评价社会审计机构的职业道德要求。

在承接和开展审计监督工作的过程中，首先，审计人员应当坚持客观公正原则。公正处事、实事求是，避免由于偏见、利益冲突或他人的不当影响而损害自己的职业判断。在委派工作时，会计师事务所应当考虑是否与被评价单位存在利害关系或可能影响公正性的其他情况，设置相应的回避制度和程序，以避免对客观和公正性产生影响。审计人员不得向被评价单位索取、收受合同约定以外的酬金或其他财物，或者利用业务之便，谋取其他不正当利益。其次，审计人员应当保持职业怀疑态度。在整个评价过程中需要保持职业怀疑态度，识别可能导致财政预算信息发生重大错报的情况是否存在，保持专业胜任能力和应有的关注。最后，审计人员应当履行保密义务，对工作中获知的信息保密。不得未经适当授权或法律法规的允许，向不相关的其他方披露所获知的信息，或利用所获知的信息为自己或他人谋取利益。对于委托方在业务约定书及其他沟通文件中提出的保密要求，项目组还需要专门设置适当的程序，以履行具体的保密条款要求。

2. 建立公开招投标制度

选聘机制是公共部门注册会计师审计有效实施的重要因素（财政部会计师联合研究组，2016）。在选聘社会审计机构的过程中，很多国家采取公开招投标的方式。公开招投标有助于降低审计收费，但不宜过于频繁。频繁轮换社会审计机构，可能影响业务经验的积累，损害审计质量。因此，在建立会计师事务所从事财政预算审计监督的制度初期，应当考虑引进中长期合作的模式。如北京市行政事业单位会计、审计和资产评估政府采购项目每三年招投标一次，澳大利亚审计机关与会计师事务所一般签订5年的服务合约。

政府机构在引入社会审计参与财政预算审计监督时，不能将最低审计收费作为中标的基本条件，而应该看重中标机构的市场声誉和执业质量，避免那些为了获取业务而采用低价竞争策略的小型会计师事务所。例如北京市市级行政事业单位在采购招投标中，综合考虑会计师事务所的价格、执业能力、业绩水平、服务承诺、诚信情况和对招标文件的响应程度，并不将最低价格作为中标保证。

在具体的招投标过程中，应当将会计师事务所资质、执业质量、市场声誉、专业能力和审计收费同时考虑。根据每一项的重要程度，选取合适的权重，对每个具体的项目按照满分100分评分，乘以权重得出该项的最终得分。再将所有项目的最终得分加总，选取得分最高者承接财政预算审计监督业务。

可以参考北京市市级行政事业单位2017～2019年度会计、审计及资产评估定点服务政府采购项目招标公告，对财政部门购买社会审计服务参与审计监督的招投标工作，设计评标标准和方法，如表5-3所示。

表5-3　　　　　　　　招投标评标标准和方法

考察项目及权重	参考指标	得分	总分
审计收费（20%）	（评标基准价/投标报价）×100		
执业质量（20%）	①被审计单位盈余管理水平 ②最近5年是否有审计失败的案件		
执业资质（20%）	①是否具备证券业务资格 ②是否具备财政预算审计监督资格		
市场声誉（20%）	①最近5年是否受到财政部、证监会等部门处罚 ②最近5年是否被提起民事诉讼 ③最近5年是否被提起刑事诉讼		
专业能力（20%）	①注册会计师人数及学历 ②是否在某一行业领域具备行业专门优势		

以上各项评分加总为评审总得分，按总得分由高到低顺序排列。若总得分相同的，按审计收费由高到低顺序排列；若审计收费也相同的，按执业质量由高至低顺序排列；若执业质量仍相同的，按执业资质由高至低顺序排列；若执业资质相同，按市场声誉由高至低顺序排列；若市场声誉仍相同的，按专业能力由高至低顺序排列。

3. 签订审计业务合同

在招投标阶段，委托方的招标文件中应当明确委托方和受托方的权利和责任，同时也应当明确合同范围、选择标准和评标方法等信息。在委托方最终选定中标社会审计机构之后，还应当与受托方就业务约定条款达成一致意见，形成业务约定书或其他适当形式的书面协议。业务约定条款具体包括监督对象和内容、各方责任、业务收费、合同终止条款、违约责任等。

（三）财政预算审计监督三方关系及责任

1. 委托方

《预算绩效管理工作规划（2012～2015年）》指出，第三方可以在接受财政部门或预算部门委托的情况下独立开展预算绩效审计工作。因此，在财政预算绩效审计业务中，委托方可能是财政部门或者预算单位。

在审计工作开展前，委托方应当通知相关财政部门或预算单位，积极配合社会审计机构的工作，及时提供相关资料，并确保所提供材料的真实性和合法性。根据社会审计机构最终出具的报告，以书面形式给出指导意见，督促本级预算单位和下级财政部门执行和整改。作为财政预算审计监督的委托方，财政部门还应当将审计经费列入财政预算，可以通过设立财政专项资金的方式，按合同规定向社会审计机构支付审计费用。

2. 受托方

在社会审计机构参与财政预算审计监督中，受托方为社会审计机构。按照适用的审计准则对财政预算进行审计，并发表审计意见是社会审计机构的责任。为履行该责任，会计师事务所及其人员应当遵守相关职业道德要求、按照审计准则和相关业务指引计划实施审计工作。

3. 责任方

各级预算单位是财政预算审计监督工作的责任方，应当认可并理解其应当承担下列责任，这些责任构成社会审计机构参与财政预算审计监督工作的基础。

在审计工作开始前，被审计单位应当按照适用的政府财务报告编制基础编制财务报表，并使其公允反映。在审计工作中，被审计单位应当积极配合社会审计机构的工作，及时向社会审计机构提供所需要的相关材料，并确保材料的可靠性和正当性，不得回绝、隐藏或提供虚假材料。向社会审计机构提供必要的工作条件，包括允许社会审计机构工作人员在获取审计证据时不受限制的接触其认为必要的内部人员和其他相关人员，不得实施影响审计人员独立审计的行为。

财政预算审计监督并不减轻预算单位的责任，各级预算单位应当根据社会审计机构出具的审计报告，及时进行整改。

（四）对社会审计机构参与财政预算审计监督的评价

购买社会审计服务之后，需要对社会审计机构参与财政预算审计监督的工作进行评价，可以从服务质量和资金使用效果两方面着手。

1. 针对审计服务质量的评价

财政部门是会计师事务所的监管机构，可以每年抽取部分项目进行质量监督检查。这些检查包括：参与财政预算审计监督的社会审计人员是否具备专业胜任能力和遵守相关职业道德要求；是否按照审计准则和质量控制准则执行审计业务；是否按准则要求编制了工作底稿；项目组内部是否对工作底稿进行了复核；项目合伙人是否在特定的风险水平下投入了恰当的审计资源；社会审计机构是否对财政预算审计监督项目进行了项目质量控制复核；社会审计机构出具的报告是否符合财政部《会计师事务所财政支出绩效评价业务指引》等文件的要求，即依据充分、真实完整、数据准确、分析透彻、逻辑清晰、客观公正和报送及时。

2. 针对财政资金使用效果的评价

这里所说的财政资金，特指购买社会审计服务的费用支出。《会计师事务所财政支出绩效评价业务指引》规定，应当从经济性、效率性和效益性三个方面对财政支出绩效进行评价。购买社会审计服务的费用也属于财政支出，因而也可以从这三个方面进行评价。

审计费用的经济性，是指财政部门投入的财政预算审计监督费用能否获得真实公允的审计结果。在评价时不能单纯地要求降低审计费用，而是应该在不影响审计质量的情况下降低成本。

审计费用的效率性，是指财政部门投入的财政预算审计监督费用能否真实有效地提高政府部门的行政效率，能否使财政部门更加及时、准确地掌握我国财政预算资金的使用情况。

审计费用的效益性，是指财政部门投入的财政预算审计监督费用能否对未来财政预算资金的使用绩效有显著的提升作用，能否实现引入社会审计参与财政预算审计监督的目标。

第三节 政府部门内部控制评价指引的框架设计

本节首先对政府部门内部控制的研究现状进行梳理分析，然后针对内部控制评价的相关研究作进一步评述，最后为我国政府部门内部控制评价指引提供框架设计。

一、政府部门内部控制评价研究的文献回顾

（一）研究背景

近年来，加强政府部门内部控制建设，成为国内外行政治理的重要组成部

分。政府部门内部控制的责任正在逐渐刚性化。美国、荷兰和日本等国家，均在法律上明确了政府部门的内部控制责任，强制要求各政府部门评价内控执行情况并对外公告。

我国也出台了相关政策，如2012年发布的《行政事业单位内部控制规范》（以下简称《规范》），旨在帮助政府部门构建内部控制制度。为了督促《规范》的贯彻落实、评价内部控制的有效性以进一步健全完善，2017年初《关于印发行政事业单位内部控制报告管理制度通知》提出了具体要求：各部门需在2017年底完成对内控执行的评价，并公告内控评价的结果。遗憾的是，截至2017年6月尚未出台内控评价的指导性文件，实践工作无据可依。因此，设计内控评价指引、推进内控评价的实践，就是现阶段我国政府内部控制建设工作的核心任务。

（二）我国政府部门内控研究的总体情况

以中国社会科学引文索引（CSSCI）来源期刊上与政府部门内部控制相关的研究文献作为研究对象。评入CSSCI的期刊大多属于社会科学类各学科中具有一定学术水平、社会影响且出刊规范的刊物，此类刊物能够体现相关学科最新的研究情况。CSSCI刊物上刊登的相关文章整体上可以显示出我国政府部门内部控制的研究现状，因此以CSSCI期刊为研究对象对我国政府部门内控研究的情况进行分析，更具有代表性（李明辉等，2017）。

检索获取论文的步骤如下：第一，依次将"政府部门内部控制""行政事业单位内部控制""行政单位内部控制""事业单位内部控制""公共部门内部控制"作为关键词[①]，在中国知网上检索标题、摘要或关键词中含有上述词语的CSSCI期刊论文。第二，初步筛选出相关文献后，剔除了其中征文类、报告类的文章，并通过进一步阅读，剔除了主题与政府部门内部控制不相关的文章。截至2017年6月，最终样本数量为74篇文章。各年度分布情况如图5-3所示。

---

① 公共部门、政府部门、行政事业单位三组定义严格来讲存在区别。公共部门是指政府部门及其附属部门之和，从概念来看，公共部门是广义的政府部门，但是实际生活中，人们习惯于把政府部门本身当作公共部门的典型代表。政府部门是指通过政治程序建立的，在特定区域内行使立法权、司法权和行政权的实体，它所需的经费完全依靠财政预算拨款。行政事业单位是行政单位与事业单位两个概念组成的：事业单位是指国家为了社会公益，由国家机关举办或者其他组织利用固有资产举办，从事教育、科技、文化、卫生等活动的社会服务组织；行政单位即所谓国家机关，是指国家为行使其职能而设立的各种机构，是专司国家权力和国家管理职能的组织，包括中央和地方各级组织。从行政事业单位概念所涵盖的范围来讲，基本上与政府部门是相吻合的，因此，在现实生活中也存在相互混用的现象。出于研究的方便，将其视为同一概念，未加以区分。

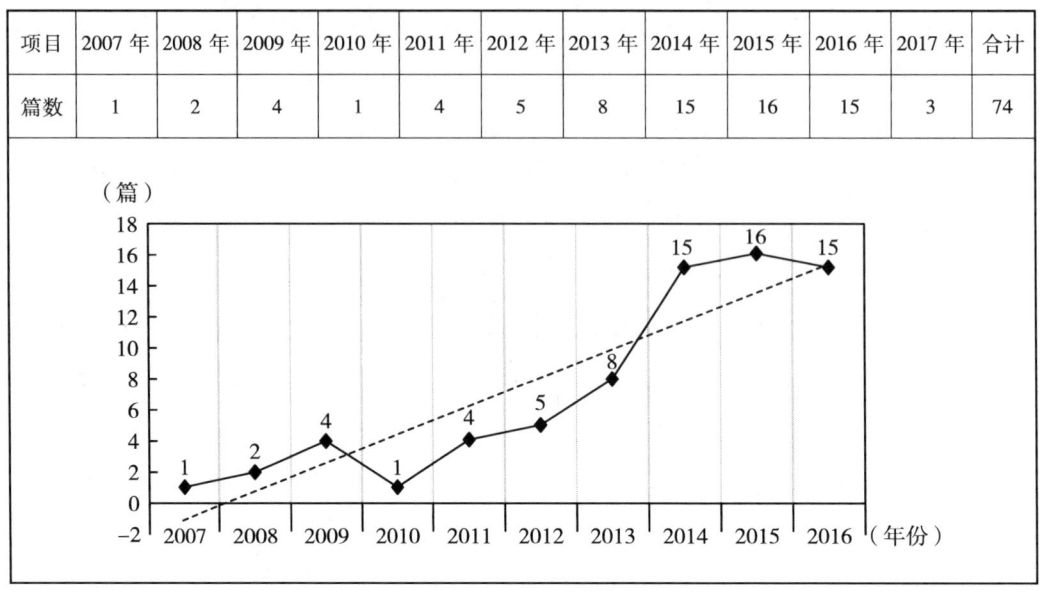

图 5-3　文献时间分布趋势

从时间分布来看，政府部门的内控研究起步较晚。CSSCI 期刊从 2007 年后才开始陆续收录有关政府内部控制的相关文章，并呈现总体上升的趋势。这可能是由于，我国在 2008 年发布《企业内部控制基本规范》及系列相关配套指引，引起了学术界实务界对内部控制在私有领域以及公共领域应用的关注。

进一步的，按照文献的研究主题与研究内容将其分为四个组：政府内部控制概念解释、实施方法、框架构建以及效果评价。具体分布情况如图 5-4 所示。

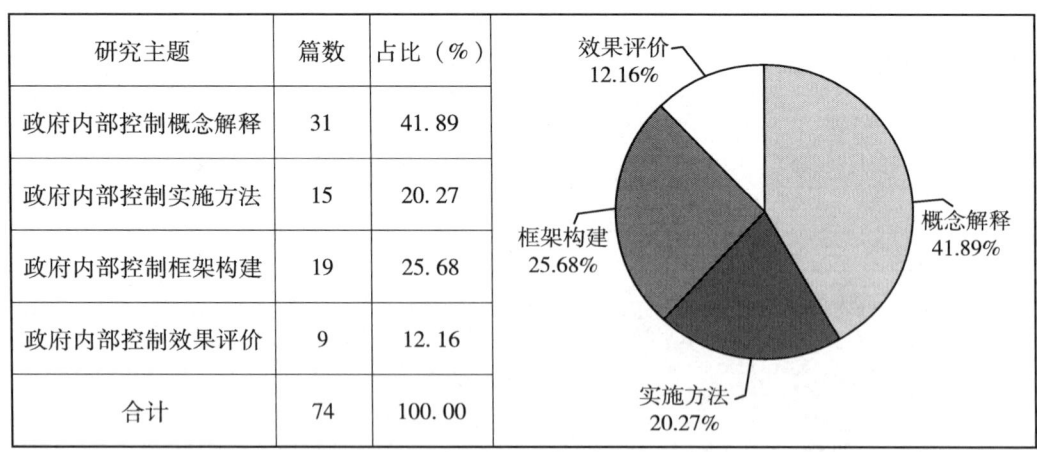

图 5-4　文献主题分布

从研究主题上看，对于我国政府部门内控概念与理论的相关研究数量最多（41.89%），对政府部门内部控制的相关概念进行了解释。例如刘永泽和况玉书（2015）在研究中对于政府内部控制的概念与含义做出了定义，分别从政府内控的实施目标、包含的内容、限定的范围等几个方面进行界定。也有一些学者侧重于关注政府内部控制的框架构建（25.68%）和实施方法（20.27%）。例如樊行健和刘光忠（2011）充分借鉴了企业内部控制概念框架和其他学科概念框架研究的成果，同时考虑政府各相关部门对经济、市场、社会所具有的调节特性、监管特性与服务特性，初步构建了具有实践操作性的概念框架。尹律和徐光华（2015）提出我国政府部门在内部控制实施进程中必须重视信息披露，认为完善的信息披露机制具有理论牵引作用与政策驱动作用，是对内部控制建设的实践总结。然而，针对政府内部控制效果评价的研究相对匮乏（12.16%）。评价我国政府部门内控执行有效性的相关研究目前在我国尚处于起步阶段，如何真实评价政府部门内部控制运行的有效性，需要持续深入的研究。

（三）政府部门内控评价的研究文献评述

目前有关政府部门内控执行评价方面的文献，主要围绕内控执行评价指标体系以及评价方法模型两个方面。

1. 内部控制评价指标体系

按照评价指标的选择依据，可以将相关文献划分为目标导向、要素导向以及基于整合观的三种模式。

以目标为导向的选择模式，把内控执行的目标作为基础构建指数。该模式认为，高效的内控执行取决于内部控制目标的实现情况，对内控工作的测评即是对内控制度能否保证以及在何种程度上确保其目标实现的测评。Tseng（2007）分别从战略、经营、报告、合规这四个方面出发，通过衡量这些目标的完成情况，建立评价指标体系。张兆国等（2011）在总结了要素与过程导向的指标类型后提出，要在我国企业构建有效的内控评价体系，以内控目标为导向可能更具有适用性。林斌等（2014）认为内控目标涉及三个层次。第一层以合法合规、资产真实、财报可信为基础目标，第二层旨在提升经营活动的效率效果，第三层旨在战略上获得持续发展，创造出更大的价值。以目标为导向可以综合权衡内部控制的实现情况，所需信息易获取，因而评价的结论相对真实且可比性强。但是弊端在于对企业内部自身管理功能关注不足，评价体系过于片面，不具有普适性。

以要素为导向的选择模式，依据 COSO 报告里各项要素来制定评价指标，评价每项要素在内控制度中的设计是否合理、执行是否到位。我国《企业内部控制评价指引》具体规定了以五要素为导向的内控评价框架。陈汉文和董望（2010）以五个核心要素间的逻辑关系为基础构建理论框架，据此设计含有 142 个具体指标的内控评价系统。唐芬艳（2014）建议，学习借鉴美、德等国家的政府内控评估措施，革新我国政府部门内控评价的目标、主体、内容、流程和方法等。以要素为导向的模式能够完成对内控执行过程的考察，具有较强的相关性，但是以要素为导向的评价指标基本上属于定性的指标，在将其转化为定量评价的过程中容易出现差错，导致可靠性不足。

基于整合观的选择模式是上述两种类型的综合。唐大鹏等（2015）认为，基于整合观的评价模式具有更强的操作性和针对性，能够协调政府内部控制的内外部评价。陈文川与黄凯颖（2015）基于政府部门内控的目标、评价要点和评价机构，采用网络层次分析法（ANP），设计出政府部门内部控制指标以及配套的综合评分机制。王晓燕和徐倩倩（2016）归纳了国内现有以整合观为研究视角的相关文献，构建出一套可操作的政府部门内控评价体系指标，以期为我国开展政府内控评价提供理论和方法支撑。这种模式指标设计针对性强，能够协调内外部评价。

2. 内部控制评价方法模型

关于内部控制执行的评价方法，主要分为定性和定量这两类。定性类包括流程图、问卷调查、实地观察、比较分析以及自我评估（CAS）等，定量类则主要是借助统计学的计量法和工程中的系统方法来设计模型，并依此对各项指标进行测量。李明辉（2003）在研究中以内控要素为依据构建了层次递进的内控评价指标系统，利用相关理论，包括层次分析理论、模糊综合理论等，构建内控评价的整体框架。李思昊（2014）分析了灰色评价模型在我国的适用性。通过探究我国政府部门内部控制各因素间的逻辑关联，采用合适测度方法，设计内部控制评价的有效模型。陈艳等（2015）借助模糊综合理论（FCE），将定性分析与定量分析相结合，为评价政府部门内控执行的有效性提供可行的思路框架。唐大鹏等（2015）从分权制衡理论入手，借鉴美国政府内部控制体系中预算分权组织架构、业务流程控制和协同监督机制，提出在国家治理和依法治国背景下，基于预算分权视角的我国政府内部控制的概念框架。

由上可知，目前关于政府内控评价的研究已经开始，但数量较少、相对匮乏，我国政府内控评价的实践缺乏具体指引。下面就未来我国政府内部控制评价指引中涉及的指标构建问题，进行尝试性的探讨。

二、政府部门内部控制评价指引的要点设计

（一）美国政府内部控制评价指引的学习借鉴

1983 年美国首次发布了《联邦政府内部控制标准》（即绿皮书），为联邦政府机构建立内部控制提供了良好的指引。后来，由于信息技术、人力资源管理以及金融监管等新兴问题的出现，会计总署于 1999 年重新修订了该标准。

根据《联邦政府内部控制标准》，会计总署在 2001 年发布了《内部控制管理和评估工具》。该工具有助于联邦管理人员和评估人员确定联邦机构的内部控制是如何设计和运作的，应当在何时、何处采用何种方式提高和完善政府内部控制。美国联邦政府内部控制评价的指标框架总结如表 5-4 所示。

表 5-4　　　　　美国政府内部控制评价指标体系

评价内容	一级指标	二级指标
美国政府内部控制评价	控制环境	①诚信和道德价值观；②专业胜任能力；③管理理念和领导风格；④组织结构；⑤权限与责任分配；⑥人力资源政策与实务；⑦监督小组
	风险评估	①设立目标：单位目标和业务层面目标；②风险识别：识别内外部风险；③风险分析：分析风险概率
	控制活动	①总体要求：组织应当建立和应用必要的控制活动；②常见控制活动：业绩评价、信息加工等
	信息与沟通	①信息：从内外部来源获取信息；②沟通：确保有效的内外部沟通；③沟通的形式和方法：信息系统的应用等
	监督	①持续监督：有效的持续监督；②独立评价：独立评价的范围和频率；③审计决议：重视审计师意见

（二）我国政府内部控制评价指引的指标设计

通过对美国政府内控评价工具的学习研究，结合我国政府内部控制的实践现状，初步设计我国政府内部控制评价指引的框架及内容要点。

1. 控制环境层面评价内容

控制环境为政府部门管理者及员工形成共同的内部控制意识及支持态度提供了框架性基础，具体可设计为七个方面的要求，详见表5-5。

表5-5　　　　　　　　　控制环境层面评价指标

二级指标	三级指标	三级指标评价重要标准
诚信和道德价值观	道德行为规范	行为规范是否全面有效
	价值观基调	是否重视道德和诚信观念
	道德标准从严要求	与外部人员打交道时是否遵守高标准的道德要求
	针对管理层介入内部控制行为的规范	是否详细规定允许管理层介入内控的级别、时间和频率
	预防不道德行为	是否制定可实现的目标，并提供合理的激励方案
专业胜任能力	管理层对具体工作的掌控程度	是否已分析完成特定工作所需的任务
		是否考虑专业判断的程度和监督的力度
	针对专业胜任能力的分析	是否识别出不同工作所需的专业技能
		是否确保不同岗位员工具备必要技能
	专业技能培训与咨询	是否帮助员工保持和提升专业技能
管理理念和领导风格	管理方法	是否支持并运用绩效导向管理法
	关键岗位人员流动频率	人员流动频率是否合理
	管理层对控制活动的支持程度	是否积极支持会计、内外部审计、信息管理系统等相关职能部门的工作
	管理层对待财务、预算及执行等活动的态度	是否及时披露相关信息
		能否正确对待相关方面的信息
组织结构	部门组织结构的多样性	是否适合于部门规模和业务性质
	权限与责任的重要领域	各级员工是否明确权限与责任的重要领域
	员工数量	管理岗位人数是否恰当
权限与责任分配	权限与责任分配的合理性	不相容岗位是否相互分离
		员工是否了解分配方式及其与内控有关的责任
	权限与责任分配的适应性	员工的权限与承担的责任是否对等
		各级别员工间是否实现良好平衡

续表

二级指标	三级指标	三级指标评价重要标准
人力资源政策与实务	人力资源政策的合理性	人员聘用、培训、晋升等方面是否制定恰当政策和程序
	应聘人员背景	是否存在不良职业背景
	对员工的督导	是否确保员工知晓各自的工作责任
监督小组	审查工作执行情况的监督机制	组织内部是否设置审计委员会等类似机构
		内部审计工作是否妥善落实
		组织是否接受外部相关方的监督

（1）诚信和道德价值观。

组织内部应当建立一套全面正式的道德行为准则，针对不当支付、利益冲突、合理的职业怀疑态度等问题，为员工提供直接的指导，并指出违反准则可能受到的惩罚。可以通过经常性签字确认的方式，确保员工充分了解并遵守该准则。

管理层应当确定一个正确的价值观基调，促进并且鼓励重视诚信和道德价值观的组织文化，同时应当身体力行、起到表率作用。一旦识别出道德问题，能够快速恰当地应对。

在与社会公众、供应商、审计人员等其他人员打交道时，应当重视他们的建议与评价，时刻谨记遵从较高标准的道德要求。

应当能够恰当地应对介入内部控制的行为。针对何种级别管理层在何时能够介入内控以及介入频率等问题，作出详细的规定。所有介入内部控制的行为都应当详细记录下来，包括介入内控的原因以及采取的特定行为。

管理层可以通过设置可实现的目标、合理的激励方案等方法，帮助员工遵循诚信和道德价值观的要求，预防不道德行为的发生。

（2）专业胜任能力。

管理层应当确定特定工作所需的胜任能力，并通过职位职责说明等正式途径，定义所需完成的具体任务。在分析专业胜任能力时，注意考虑监督的力度以及专业判断的程度。

应当能够分析出各种工作所需的知识、技术和能力，告知员工，并努力确保不同岗位的员工已经具备了必要的知识、技术和能力。

应当为员工安排合适的培训方案，以使其保持和提升完成工作所需要的专业胜任能力。监督人员应具备必要的管理技能，为员工提供恰当的、建设性的工作指导。

（3）管理理念和领导风格。

绩效导向管理方法有助于激励员工保持积极的工作态度、提高员工的服务意识，组织的管理层应当全力支持该方法的运用。

应当确保会计、内部审计、计划管理、内部控制监管等关键岗位的员工流动频率合理，确保关键岗位管理人员没有异常离职，否则可能表明该单位对内部控制缺乏足够的重视。

针对会计、信息系统管理、人员管理、内外部审计和评估等职能部门，管理层要秉承积极的支持态度。例如，组织内部应当重视财务会计和预算管理活动，承认其是对组织各项活动进行控制的有效手段；经常从系统中获取会计、财务和计划信息，作为制定决策、战略计划的基础；高度重视审计工作，能够及时对工作信息和结果做出回应等。

管理层应当正确对待财务、预算及执行等活动，知晓并且参与关键财务报告事项，并对会计准则和估计的运用持谨慎保守态度。同时，管理层应当披露所有的财务、预算与项目信息，避免过分关注短期报告的行为。

（4）组织结构。

组织结构应该适合于部门规模和业务性质，有助于信息在组织内部流动。管理层要根据业务的性质来权衡组织结构的集中化或者分散化程度。

管理层要明确指出权限与责任的重要领域并在组织内部予以传达，确保各级员工完全清楚自己的责任。组织的结构图要清晰且实时更新，能够向所有员工显示关键责任领域。

组织的员工，尤其是管理岗位人数要确保合理，使得管理层和监管层有时间执行各自的任务，各级员工也无需加班来完成分配的任务。

（5）权限与责任分配。

组织应当合理设置内部控制的相关岗位，明确各岗位的权限和责任，并且能够合理指派恰当的人员。员工应当能够明确了解组织的权限和责任分配情况，清楚知道自己的行为与他人行为之间的联系，同时知晓个人需要承担的与内部控制有关的责任。

权利的分配与责任的分配要做到互相适应，即权责对等。此外，各级员工之间的权限与责任分配能够实现良好平衡。

(6) 人力资源政策与实务。

员工专业胜任能力与职业道德,是控制环境中不可缺少的因素。组织在人员的聘用、培训、评价、咨询、晋升、薪酬、解聘等方面应当制定恰当的政策和程序。例如,明确人员招聘的标准,确立培训计划,员工的晋升、薪酬依据业绩评价的结果,业绩标准中强调诚信和道德价值观等。

针对应聘人员进行背景调查,调查其有无频繁更换工作、有无刑事犯罪记录,核实教育经历与资格证书,向前任雇主了解其情况。

定期为员工提供适量的督导,例如提供指导、复核以及培训等活动,以使其了解相关事项的正确工作流程、减少错误行为。

(7) 监督小组。

组织内部应当设置监督和复核工作执行情况的机制,例如设置审计委员会等类似机构负责审查内部审计部门的工作等。同时应当接受上级政府、检察院、审计署等外部权力机构的监督。

2. 风险评估层面评价指标

组织内部应当建立一套完善有效的风险评估机制以定期评估组织可能面临的风险。可以将我国政府内部控制风险评估层面的评价指标划分为三个方面,详见表5-6。

表5-6　　　　　　　　风险评估层面评价指标

二级指标	三级指标	三级指标评价重要标准
设立目标	设立单位目标	目标是否全面可行
		目标是否清晰传达给员工且收到反馈
	设立业务流程层面目标	业务流程目标是否全面且具有可行性
		业务流程目标是否与单位目标相关且一致
		业务流程目标之间是否相关且一致
		是否包括业绩评价标准
		所有管理人员是否参与目标的设定
风险识别	风险识别方法的多样性	是否与员工沟通风险识别问题
		是否采用定性和定量方法识别风险,并确定风险排序
		识别方法是否考虑审计的发现和评价活动的结果
		是否将风险识别作为长短期预测和战略制定的组成部分

续表

二级指标	三级指标	三级指标评价重要标准
风险识别	识别外部风险	是否考虑社会公众、供应商及客户等的需求变化所引发的风险
		是否考虑由宏观经济环境变化、技术革新等外部因素所引发的风险
	识别内部风险	是否考虑各项业务活动的潜在风险
		是否考虑与人力资源、资本相关的风险
		是否考虑管理人员腐败风险
		是否既考虑单位层面又考虑业务层面风险
风险分析	风险分析的全面性	是否建立全面、正式的风险分析流程和标准
		是否估计风险发生的概率及后果
		分析人员是否具有恰当资格和能力
	风险分析结果的应对	是否建立合适的控制机制以应对风险
		能否快速有效的应对识别出的风险

（1）设立目标。

应当设立明确的单位目标。在保证目标全面可行的情况下，确保目标足够具体，能够与该组织工作密切相连。单位的目标应当清晰地传达给所有员工，并且了解员工的反馈意见，保证目标沟通有效。

应当设立清晰、全面、可实现的业务流程层面目标，与组织内部所有重要的业务活动相关；该目标由单位目标延伸而出并且与之密切相关，同时业务流程层面的目标之间也应当相关且一致；应当涵盖业绩评价标准；确保所有级别的管理人员都参与了目标的制定，并且共同致力于这些目标的实现。

（2）风险识别。

组织应当采用多种恰当的方法以全面识别可能存在的风险。例如，与员工沟通风险识别方法、排序依据等；根据计划的时间安排，采用定性定量方法以识别风险，并确定风险排序；根据审计的发现和评价活动的结果考虑风险识别问题；将风险识别作为长短期预测和战略制定的组成部分等。

组织应当设立充分的机制，以识别出外部因素导致的组织风险。具体包括：考虑由供应商、客户及社会公众的需求变化所引发的风险；考虑由宏观经济环境变化、技术革新、法律环境变化、新政策的出台等外部因素所引发的风险。

组织应当设立充分的机制,以识别出内部因素导致的对组织构成威胁的风险。具体包括:考虑各项业务活动的潜在风险,例如项目的资金供给出现问题、业务流程再造以及项目运作分散化等行为所引发的风险;考虑与人力资源、资本相关的风险,例如无法保留核心员工、缺乏具备资格人员以及薪酬较低无法与私营部门竞争劳动力等现象所引发的风险;在反腐倡廉的大环境下,识别并降低影响政府服务水平的贪污腐败风险是尤为重要的;在识别风险时,管理层既要考虑单位层面风险,也要考虑业务流程层面风险。

(3) 风险分析。

在识别风险之后,管理层需要建立一套全面、正式的风险分析流程和标准对风险的可能后果进行全面彻底的分析。管理层需要将风险水平设定为低中高标准,估计风险发生的概率及其可能带来的后果等。同时应当保证参与分析人员具有适当的级别和相关的专业技能。

全面分析内控风险后,管理层应当建立一套适合本单位的风险管理和控制机制,该机制要能够针对识别出的内外部风险,及时制定最优应对方案。

3. 控制活动层面评价指标

控制活动是组织内部旨在降低风险而采取的一系列程序和政策,结合我国政府内控基本规范的要求,具体可设计为以下七个方面,详见表5-7。

表5-7　　　　　　　　　控制活动层面评价指标

二级指标	三级指标	三级指标评价重要标准
预算业务	编制过程和方法	预算编制过程是否合规合法
		预算编制方法是否合理、客观
	信息沟通	部门与子部门之间信息是否畅通
		各部门能否及时取得相关的信息
	预算审批与执行	预算是否经过上级的审批
		预算是否严格有效执行
	预算决算与评价	决算是否真实完整
		是否评价预算并反馈结果
收支业务	收入来源与评价	收入来源是否明确具体
		有无进行收入和预期的差异分析
	支出流程	支出流程是否合规合法
		严查专项支出是否存在腐败
	票据管理	使用流程是否严格规范

续表

二级指标	三级指标	三级指标评价重要标准
采购业务	采购预算与计划	编制流程与计划安排是否合规
	采购审批和执行	预算的执行是否经过合理的授权
		执行过程是否合规合法
	采购验收	采购物品是否经过合规验收
资产业务	资产管理	资产的相关处理是否合规合法
	岗位安排	不相容岗位是否分离
	货币资金管理	是否严格盘查现金与银行存款
建设项目	立项与招标	是否认证立项公开招标，相关结果是否公正
	资金管理	项目的资金流动管理是否合规
	项目验收	项目验收是否严格且手续齐全
合同业务	授权审批	订立合同是否经过授权和审批
	合同纠纷处理	是否及时处理纠纷，不推诿
	执行合理	合同的执行流程是否合法合规
	合同保密	是否重视相关信息的保密
会计业务	会计处理规范性	会计处理是否统一规范
	岗位设置	是否利于会计信息客观真实
	会计信息质量	是否重视披露会计信息的可靠性

(1) 预算业务。

应当重视预算业务的岗位安排，预算编制、审批、执行等岗位职责分离，以确保预算编制及时完整、流程规范合理、方法客观科学。

在预算业务的一系列流程中，应当确保相关方面信息的沟通。首先，确保相关人员了解预算政策；其次，预算总部门与子部门之间能够有效沟通；最后，确保各预算岗位都能够获取相关信息并合理利用。

应当重视预算审批和预算执行的内部管理，以确保政府预算经过层层的严格审批，并且按照已经审批的预算安排各项收支。要严格控制预算执行的各个环节，并定期在组织内部报告预算的执行情况。如果执行遇到阻力，应当及时协商解决问题，确保预算执行充分有效。

预算执行活动的总结和评价至关重要。首先，应当及时开展决算工作，确保决算内容准确完整，同时结合决算内容来评价预算；其次，组织应当建立一套预算分析机制，评价当期预算业务的进行情况，为后续预算活动提供借鉴。

（2）收支业务。

应当建立机制以严格管控各项收入业务。首先，合理安排相关岗位。其次，实施归口管理，严禁账外设账，保证收入的来源明确具体。最后，定期对收入进行评价，确保各项应收款项及时入账。针对应收未收项目及时查明原因，并找到相关负责人及时追回，做到收入与预期相符。

应当严格管理和控制各项支出业务。确保各项支出活动流程，例如审批、授权、支付等合规合法，严格把控各项支出环节，维护政府财产的安全。尤其针对政府的专项支出，一定要严格审查，防止贪腐现象的发生。

针对财务票据的管理一定要严格。例如，按照规定的程序办理财务票据的申请、使用和销毁，由专门人员管理票据，不得违规外借或者私自买卖、代开财政票据等。

（3）采购业务。

首先，应当根据本单位实际需求编制采购预算，确保预算符合相关标准。其次，为避免政府采购业务中的投机行为，应当基于已经审批的预算来确定采购计划，并保证采购活动严格按照计划进行。

采购活动需要严格的审批，以保证采购预算的具体执行已经合理授权。在采购活动的执行过程中，组织要定期安排检查，持续监督采购的各个环节，确保其合规合法。

应当验收采购物品的数量和质量。验收之前再次确认采购合同的真实有效性，同时加强对采购业务的记录控制。

（4）资产业务。

应当加强资产的管理，尤其是国有资产，同时确保员工清楚了解各自的权限和责任。对资产实行归口管理，针对资产分配、租借和变卖等行为制定严格的控制程序。

针对不同资产类型，应当分类管理。重视相关资产管理岗位的安排，确保员工清楚了解各自的权限和责任，确保不相容岗位分离。

严格核查控制货币资金：针对库存现金要做到定期和不定期盘点抽查，并按照相关规定处理盘盈盘亏；针对银行存款要经常核对银行存款余额，抽查银行对账单、银行日记账等以确保账实相符。

(5) 建设项目。

事业单位建设项目的立项与招标活动是腐败现象的高发区,组织需要对其进行严格的审查和监督,保证相关过程与结果公开、公平和公正。

应当加强对相关项目资金的管理,确保每笔资金的收支都经过了合理的授权与审批,严格执行价款支付审核,按照规定办理价款结算。

建设项目完成竣工决算后,应当严格验收建设项目,确保验收手续齐全,已按照规定办理资产交接和归档等工作。

(6) 合同业务。

合同业务方面,应当注意检查参与合同签订的人员是否经过授权,合同的范围和条件是否合规。同时,妥善管理合同专用章,防止有人私自冒用组织的名义与外部签订合同。

加强对合同纠纷的管理。对于发生的合同纠纷,及时与合同对方沟通协商,合理解决。

应当对合同的执行情况实施有效的监督,确保合同价款结算等活动合规恰当。

应当注意对合同信息的保密,做好合同的归档保管工作,避免出现泄漏国家机密的行为。

(7) 会计业务。

确保会计处理规范性。例如,严格按照相关会计准则的规定进行会计处理,考虑会计估计的合理性,确保相关人员具备必要的知识和技能、遵守职业道德规定。

会计业务反映了政府的经济活动,良好的会计管理有助于政府部门进行资金管理,也有助于抑制腐败行为。评价会计业务时,要重点关注相关岗位的安排是否合理,会计信息是否真实可靠。及时对外披露会计信息,做好会计信息的档案保管工作。

4. 信息与沟通层面评价指标

政府内部控制的有效运行,依赖于相关可靠的信息,既包括财务信息与非财务信息,也涉及组织内外部活动。具体来说,评价政府内部信息与沟通的指标可以分为三个方面,详见表5-8。

表 5-8　　　　　　　　　信息与沟通层面评价指标

二级指标	三级指标	三级指标评价重要标准
信息	信息的来源	是否从多方获取信息
	信息的质量	提供的信息是否真实有效
	信息的交流反馈情况	组织能否及时识别相关信息并快速传递
		各部门能否及时获取相关的信息并反馈
沟通	内部沟通的有效性	通过沟通,各级员工是否充分了解内控责任的重要性及各自的职责
		是否设置非正式沟通方式
		管理层是否真正愿意倾听员工
	外部沟通的有效性	组织与外部是否建立有效沟通方式
		组织是否欢迎投诉和询问
沟通的形式和方法	沟通形式和方法的多样性	管理层是否全力支持内控
		是否建立多种有效沟通渠道
	信息系统的应用	是否将内控流程和主要经济活动嵌入信息系统中
		是否持续关注信息沟通

(1) 信息。

信息的来源不应当局限于政府内部,应当获取所有与组织目标实现相关的内外部信息,并在业绩报告中提供给组织管理者,以确保其拥有所需要的全部信息。

应当加强信息的质量要求,确保获取和传递的信息是准确、真实和可靠的。

在信息的交流反馈机制中,应当及时识别和获取相关信息,并在合适的时间、以正确的形式汇报给合适的人,使其有效履行职责。例如,管理层能够获取分析信息以做出决策,项目经理能够获取运营和财务信息以确定项目的执行情况。

(2) 沟通。

应当建立多种有效的内部沟通渠道。例如,组织内部设置非正式沟通方式,内部沟通渠道能够清楚传达各级员工的具体职责,管理层能够经常与内部监督小组沟通等。

应当建立开放有效的外部沟通渠道,以方便管理层与可能对项目、活动产生重大影响的组织进行有效的沟通。管理层应当欢迎投诉或询问,因为它们往往能够暴露内部控制中存在的一些问题。

(3) 沟通的形式和方法。

应当运用多种沟通形式和方法,与员工和其他人员沟通,例如电子公告栏、互联网、内部网页、录像信息、演讲等。

信息管理系统的应用,能够大幅提高组织沟通的有效性。将内控流程和主要业务活动嵌入信息系统,有助于持续监督所获取信息的质量。因此,组织应当建立和完善信息系统,持续关注信息沟通的有效性。

5. 监督层面评价指标

近年来,国家大力推进政务公开,努力建设服务型政府。有效的监督活动有助于实现该目标,提高政府的服务效率。具体来说,可以分为以下三个方面,详见表5-9。

表5-9　　　　　　　　　　　监督层面评价指标

二级指标	三级指标	三级指标评价重要标准
持续监督	持续监督的有效性	监督战略的设计是否全面有效
	适当的组织结构	是否鼓励并考虑员工提出的建议
		内部审计人员是否明确其权利与义务
		是否设置独立的内审机构
	利用外部信息监督内控	是否重视与客户、供应商沟通信息
		是否重视与人大等监督群体沟通信息
	定期盘存实物资产	是否定期检查数据记录与实际情况之间的差异并妥善处理
独立评价	内控独立评价的频率和范围	是否考虑可能引起独立评价的事件
		是否考虑持续监督的结果
	逻辑清晰的内控评价方法	是否制订计划以确保评价过程的协调一致
		是否测试内控设计并包含自我评价
		评价执行人员是否具备所需的专业技能
	迅速解决独立评价发现的内控缺陷	是否将缺陷快速传达给责任人
		严重缺陷是否报告给高管人员
审计决议	回应监督中发现的问题	是否重视并回应审计和其他评价中发现的内控缺陷
	快速解决监督发现的问题	是否设立有效机制以确保及时解决审计和其他评价中发现的内控缺陷
	持续关注决议提出的问题	是否调查审计与其他评价中发现的问题
		是否落实控制缺陷问题的解决

（1）持续监督。

管理层要确保持续监督的有效性，实施日常反馈、绩效监督和目标控制。同时，制定全面的监控战略，包括监控的主体、方式、时间等。

利用适当的组织结构，以持续监督内部控制活动。例如，设置内部审计机构来监督内控活动；明确内审人员的权利与义务，要求其定期向管理者提出改进意见等。

应当与外部组织沟通，以核实内部生成数据并发现内控问题。例如，客户的付款可以证实账单数据的准确性，与供应商的交流可以侧面反映内部控制的问题。组织还应当重视上级政府、检察院、人大代表等外部监督组织的评价。

应当定期盘存实物资产，检查账务数据记录与实物资产之间有无差异。同时，及时修正记录与实际的差异，查明原因并追究责任，避免差错的再次发生。

（2）独立评价。

内控独立评价的频率以及范围，要视具体情况认定。例如，需要考虑组织规模扩张、管理层战略重大转变等事件，上一次监督评价的结果，以及内部控制各组成部分的监督覆盖等问题。

应当建立逻辑清晰的独立评价方法。例如，评估小组应当制订计划以确保评价过程的协调一致，采用问题核对表、调查问卷等有效工具。

应当能够采取措施，快速有效地解决独立评价中发现的控制缺陷。确保及时将缺陷传达给相关责任人，严重的缺陷和内控问题应当立刻报告最高管理层。

（3）审计决议。

应当重视审计和其他评价中发现的问题及建议，采取相应的解决措施。必要时，可以考虑向审计人员和评估人员进行咨询。

为了健全内部控制，管理层有责任设立一套适合本单位的有效应对机制，以及时解决审计和其他评价中发现的内控缺陷。

采取恰当的跟进措施，以应对审计与其他评价中发现的问题。例如调查这些问题的成因，持续关注审计决议中的每一个问题，以确保其最终得以解决等。

本部分内容是在借鉴国际经验的基础上，就我国未来需要制定实施的政府内部控制评价指引、主要是评价指标体系的设计问题，作出的尝试性探讨。未来，针对政府部门内部控制评价的问题，包括如何与我国现行《行政事业单位内部控制规范（试行）》等文件对接，督促各级政府部门及相关预算单位有效落实内部控制规范，还需要做进一步的科学论证和研究。

主要参考文献

[1] 财政部会计师联合研究组. 公共部门注册会计师审计制度研究——基于政府财务报告审计的思考 [J]. 会计研究, 2016 (4).

[2] 蔡春, 刘学华. 绩效审计论 [M]. 北京: 中国时代经济出版社, 2006.

[3] 蔡春, 唐凯桃, 刘玉玉. 政策执行效果审计初探 [J]. 审计研究, 2016 (4).

[4] 蔡定剑. 公民素质与选举改革调查 [J]. 战略与管理, 2003 (2).

[5] 蔡荣鑫. "包容性增长"理念的形成及其政策内涵 [J]. 经济学家, 2009 (1).

[6] 车桂娟. 基于政府审计视角的政府内部控制研究 [M]. 武汉大学, 2012.

[7] 陈汉文, 董望. 财务报告内部控制研究述评——基于信息经济学的研究范式 [J]. 厦门大学学报 (哲学社会科学版), 2010 (3).

[8] 陈汉文, 张宜霞. 企业内部控制的有效性及其评价方法 [J]. 审计研究, 2008 (3).

[9] 陈华, 张梅玲. 基于公平的包容性增长: 科学内涵、约束条件及路径选择 [J]. 理论学报, 2011 (1).

[10] 陈宋生, 盖希娟. 拨云见日——提高政府透明度的审计报告 [J]. 审计与理财, 2013 (4).

[11] 陈文川, 黄凯颖. 基于网络分析法的政府部门内部控制有效性评价体系研究 [J]. 财会月刊, 2015 (4).

[12] 陈文川, 余应敏. 国家治理现代化背景下政府内部控制的职能拓展 [J]. 审计研究, 2016 (4).

[13] 陈献东. 试论财政决算草案审计的价值定位和审计目标 [J]. 财经界 (学术版), 2016 (3).

［14］陈艳，于洪鉴，衣晓青．行政事业单位内部控制有效性评价框架研究——基于AHP与FCE的视角［J］．财经问题研究，2015（9）．

［15］程龙．财政透明度研究及其对政府内部控制指数构建的启示［J］．财政监督，2016（8）．

［16］池国华．基于管理视角的企业内部控制评价系统模式［J］．会计研究，2010（10）．

［17］道格拉期·C.诺思．经济史中的结构与变迁［M］．上海：上海人民出版社，1994．

［18］邓子基，习甜．包容性增长与公共财政［J］．福建论坛，2012（1）．

［19］杜志雄，肖卫东．包容性增长理论的脉络、要义与政策内涵［J］．社会科学管理与评论，2010（4）．

［20］樊行健，刘光忠．关于构建政府部门内部控制概念框架的若干思考［J］．会计研究，2011（10）．

［21］冯均科．审计失灵：国家审计"负绩效"的根源［J］．审计与经济研究，2007（5）．

［22］傅世春．日本政府审计制度及其对中国的启示［J］．审计研究，2008（4）．

［23］苟燕楠．绩效预算：模式与路径［M］．北京：中国财政经济出版社，2011．

［24］郭大荣．审计机关绩效衡量与评估［J］．审计研究，2013（4）．

［25］郭道晖．法治新思维：法治中国与法治社会［J］．社会科学战线，2014（6）．

［26］郭道晖．论法的本质内容与本质形式［J］．法律科学．西北政法学院学报，2006（3）．

［27］候光明，等．组织系统科学概论［M］．北京：科学出版社，2006．

［28］湖北省审计厅科研课题组．大数据技术在审计实务中的应用及发展方向研究——基于湖北大数据审计实践［R］．2017．

［29］胡仙芝．美国的总监察长办公室：一种反腐败机构的模式［J］．中国行政管理，2002（2）．

［30］黄国平．财政分权，城市化与地方财政支出结构失衡的实证分析——以东中西部六省为例［J］．宏观经济研究，2013（7）．

[31] 黄溶冰,赵谦.我国环境保护财政资金的绩效评价(2006~2011年)——基于审计结果公告的内容分析[J].财政研究,2012(5).

[32] 黄世忠,刘用铨,王平.美国联邦政府会计难点热点问题及其启示[J].会计研究,2004(11).

[33] 黄韵斯.会计师事务所拓展财政支出项目绩效新业务评价[J].现代企业,2014(8).

[34] 贾韶华.中国税收流失问题研究[M].北京:中国财政经济出版社,2015.

[35] 贾云洁.澳大利亚政府审计外包及其对我国的启示[J].审计研究,2014(6).

[36] 姜永英.中国财政审计制度研究[D].大连:东北财经大学,2010.

[37] 金鑫.政府审计效率影响因素研究——基于审计署特派办的经验证据[D].西安石油大学,2016.

[38] 金勇.试论以财政同级审为龙头的一体化审计模式[J].中国审计信息与方法,2000(6).

[39] 康伟,段文武.包容性增长与我国经济发展方式转变[J].北方论丛,2011(5).

[40] 来宾.浅议同级财政决算草案审计的内容和方法[C]//江苏省审计学会.江苏省审计学会同级财政决算草案审计研讨会论文集.2016.

[41] 李炳鉴,王元强.政府预算概论[M].天津:南开大学出版社,2006.

[42] 李翠兰,邵培德.包容性视角下的中国财政支出结构比较分析[J].广东外语外贸大学学报,2016(1).

[43] 李翠萍.预算调整及其管理研究[R].财政部财政科学研究所,2015.

[44] 李刚."包容性增长"的学源基础、理论框架及其政策指向[J].经济学家,2011(7).

[45] 李钢,蓝石.公共政策内容分析方法:理论与应用[M].重庆:重庆大学出版社,2007.

[46] 李晗,张立民.政府购买社会组织服务审计研究——基于中国红十字会总会彩票公金项目[J].财会月刊,2016(30).

[47] 李建发，张国清. 国家治理情境下政府财务报告制度改革问题研究 [J]. 会计研究，2015（6）.

[48] 李丽琴. 公共服务均等化：中国财政分权作用的再衡量——基于包容性增长的视角 [J]. 当代经济管理，2012（2）.

[49] 李璐，刘洋. 美国政府责任总署的战略计划管理研究 [J]. 审计月刊，2012（12）.

[50] 李璐，夏昱. 基于数据包络分析的审计机关绩效评价研究 [J]. 财政研究，2011（12）.

[51] 李璐. 美国财政资金的协同审计监督研究：以ARRA法案资金为例 [J]. 财政研究，2013（9）.

[52] 李美娟，陈国宏. 数据包络分析法（DEA）的研究与应用 [J]. 中国工程科学，2003（6）.

[53] 李明辉，何海，马夕奎. 我国上市公司内部控制信息披露状况的分析 [J]. 审计研究，2003（1）.

[54] 李明辉，孙婕，叶超. 我国政府审计实证研究评述——基于CSSCI（1999~2014）检索论文的分析 [J]. 审计与经济研究，2017（2）.

[55] 李士勇，田新华. 非线性科学与复杂科学 [M]. 哈尔滨：哈尔滨工业大学出版社，2006.

[56] 李思昊. 基于灰色评价模型的政府部门内部控制评价研究 [J]. 财会通讯，2014（23）.

[57] 李素利. 政府绩效审计发展的影响因素研究 [J]. 审计研究，2013（2）.

[58] 李燕. 政府预算管理 [M]. 北京：北京大学出版社，2008.

[59] 李中建. 包容性增长理念与"中等收入陷阱"风险化解 [J]. 当代经济研究，2012（4）.

[60] 廖洪. 绩效审计是审计发展的必然产物和高级阶段 [J]. 湖北审计，2003（10）.

[61] 廖义刚，陈汉文. 国家治理与国家审计：基于国家建构理论的分析 [J]. 审计研究，2012（2）.

[62] 廖义刚，韩洪灵，陈汉文. 政府审计之职能与特征：国家理论视角的解说 [J]. 会计研究，2008（2）.

［63］林斌，林东杰，胡为民，等．目标导向的内部控制指数研究［J］．会计研究，2014（8）．

［64］林昆勇．包容性发展理念的伦理意蕴［C］//2013年全国哲学伦理学博士后论文集．2013．

［65］刘成立．政府购买会计服务的理论基础、存在问题与路径选择［J］．中国注册会计师，2015（10）．

［66］刘家义．国家治理现代化进程中的国家审计：制度保障与实践逻辑［J］．中国社会科学，2015（9）．

［67］刘家义．论国家治理与国家审计［J］．中国社会科学，2012（6）．

［68］刘素梅．论美国行政内向监督及其对我国的启示［J］．扬州大学学报，2006（3）．

［69］刘潇．差异性社会背景下的包容性发展［J］．中国—东盟博览，2013（9）．

［70］刘绪贻，杨生茂，李剑鸣．美国通史第五卷：富兰克林·D.罗斯福时代［M］．北京：人民出版社，2002．

［71］刘绪贻．当代美国总统与社会现代美国社会发展简史［M］．武汉：湖北人民出版社，1987．

［72］刘艳芳，孙孝双．政府向社会组织购买公共服务的法律制度建构研究［J］．安徽大学法律评论，2003（1）．

［73］刘永泽，况玉书．政府内部控制的内涵界定、外延定位于预算选择［J］．审计与经济研究，2015（3）．

［74］刘占峰．对加强财政预算监督的几点思考［J］．决策与信息旬刊，2014（4）．

［75］刘正均．财政审计一体化研究［J］．审计研究，2009（1）．

［76］卢宁．包容性发展的理论内涵探析［J］．四川理工学院学报，2013（7）．

［77］罗伯特·J.林格．重建美国人的梦想［M］．上海：上海译文出版社，1983．

［78］罗桂森．中国地方政府绩效预算改革研究——以内蒙古自治区绩预算改革为例［D］．内蒙古大学，2012．

［79］罗伊·T.梅耶斯，等．公共预算经典——面向绩效的新发展［M］．

上海：上海财经大学出版社，2005.

[80] 马宝成. 试论政府绩效评估的价值取向 [J]. 中国行政管理，2001 (5).

[81] 马庆钰. 告别西西弗斯——中国政治文化分析与展望 [M]. 北京：中国社会科学出版社，2002.

[82] 孟德斯鸠. 论法的精神 [M]. 西安：陕西人民出版社，2002.

[83] 孟华. 政府绩效评估 [M]. 上海：上海人民出版社，2006.

[84] 尼古拉斯·亨利. 公共行政与公共事务 [M]. 7版. 北京：华夏出版社，2002.

[85] 彭国甫，盛明科，刘期达. 基于平衡计分卡的地方政府绩效评估 [J]. 湖南社会科学，2004 (5).

[86] 普利高津. 存在到演化 [M]. 上海：上海科技出版社，1986.

[87] 钱学森. 也谈基础性研究 [J]. 求是，1989 (5).

[88] 钱学森. 智慧与马克思主义哲学 [J]. 哲学研究，1987 (2).

[89] 乔治·H. 斯考. 富兰克林罗斯福与总统权力的扩张 [J]. 美国历史研究资料，1981 (1).

[90] 秦荣生. 国家审计职责的界定：责任关系的分析 [J]. 审计与经济研究，2011 (2).

[91] 审计署. 世界主要国家审计法规汇编 [M]. 北京：中国时代经济出版社，2004.

[92] 宋常，胡家俊，陈宋生. 政府审计二十年来实践成果之经验研究 [J]. 审计研究，2006 (3).

[93] 宋达，郑石桥. 政府审计预算违规的作用：抑制还是诱导？——基于中央部门预算执行审计数据的实证研究 [J]. 审计与经济研究，2014 (6).

[94] 唐大鹏，吉津海，支博. 行政事业单位内部控制评价：模式选择与指标构建 [J]. 会计研究，2015 (1).

[95] 唐大鹏，李鑫瑶，刘永泽，等. 国家审计推动完善行政事业单位内部控制的路径 [J]. 审计研究，2015 (2).

[96] 唐芬艳. 论我国政府内部控制质量评价体系的构建 [J]. 湖南财政经济学院学报，2014 (6).

[97] 田昆儒. 企业产权会计论 [M]. 北京：经济科学出版社，2000.

[98] 汪洁. 基于项目评级工具的绩效预算改革研究 [D]. 上海：上海交通大学，2012.

[99] 王光佳. 浅议财政与税收之间的关系 [J]. 现代商业，2015（21）.

[100] 王谦. 包容性增长范式下城乡公共服务均等化公平效率分析 [J]. 财政研究，2013（30）.

[101] 王生交. 政府购买会计审计服务的绩效评价研究 [J]. 中国注册会计师，2015（1）.

[102] 王铁栓，王治中，谢闯，等. 规范预算管理 强化财政监督——关于加强行政事业单位预算编制及执行的调研报告 [J]. 财政监督，2016（1）.

[103] 王祥君. 政府预算执行审计与决算草案审计整合研究 [J]. 审计研究，2016（6）.

[104] 王晓燕，徐倩倩. 政府部门内部控制评价研究——基于整合观视角 [J]. 宏观经济研究，2016（9）.

[105] 王秀明，项荣. 关于审计机关绩效评价若干问题的思考 [J]. 审计研究，2013（4）.

[106] 威廉·道格拉斯. 作为一个美国人 [M]. 纽约：纽约出版社，1948.

[107] 威廉·洛希滕伯格. 繁荣中的危机：1914—1932 [M]. 芝加哥：芝加哥大学出版社，1958.

[108] 魏权龄. 评价相对有效的 DEA 方法 [M]. 北京：中国人民大学出版社，1998.

[109] 魏权龄. 数据包络分析 [M]. 北京：科学出版社，2004.

[110] 温美琴，胡贵安. 基于政府绩效评估视角的政府绩效审计研究 [J]. 审计研究，2007（5）.

[111] 温美琴，徐卫华. 政府绩效审计助推政府绩效评估和行政问责制——基于深圳实践的启示 [J]. 南京社会科学，2009（5）.

[112] 文硕. 世界审计史 [M]. 北京：中国审计出版社，1990.

[113] 吴晓晗. 政府部门内部控制有效性评价研究 [D]. 大连：东北财经大学，2015.

[114] 吴媛媛. 上市公司内部控制评价体系研究 [D]. 镇江：江苏大学，2009.

[115] 夏祖兴. 会计师事务所开展财政支出绩效评价业务探讨 [J]. 中国管理信息化, 2014 (21).

[116] 肖振东, 吕博. 从审计工作报告看国家审计发展 [J]. 审计研究, 2013 (5).

[117] 徐全红, 雷铭. 我国全口径预算存在的问题及对策 [J]. 经济研究参考, 2016 (31).

[118] 薛爱国. 关于会计师事务所参与财政支出绩效评价的几点看法 [J]. 中国注册会计师, 2015 (1).

[119] 杨光焰. 政府预算管理 [M]. 北京: 立信会计出版社, 2016.

[120] 杨时展. 杨时展论文集 [M]. 北京: 中国财政经济出版社, 1997.

[121] 杨肃昌. 法治视野下的国家监察体制与审计体制改革 [J]. 人大研究, 2017 (6).

[122] 杨肃昌. 中国国家审计: 问题与改革 [M]. 北京: 中国财政经济出版社, 2004.

[123] 姚凤民. 财政支出绩效评价: 国际比较与借鉴 [J]. 财政研究, 2006 (8).

[124] 姚荣. 包容性发展: 思想渊源、现实意涵及其实践策略 [J]. 理论导刊, 2013 (4).

[125] 尹律, 徐光华. 关于行政事业单位内部控制信息披露的探讨——基于国家治理的视角 [J]. 审计研究, 2015 (4).

[126] 喻盛霞. 企业内部控制自我评价 [D]. 成都: 西南财经大学, 2006.

[127] 张超群, 吴晓波. 包容性增长的微观机制和机会来源: 创业与金字塔底层 [J]. 科技进步与对策, 2013 (3).

[128] 张锋. 国家治理视角下对预算执行绩效审计的几点思考 [J]. 现代审计与经济, 2013 (4).

[129] 张凤元, 尹世光. 政府内部控制难点与对策 [J]. 财会通讯, 2016 (16).

[130] 张国清, 李建发. 美国政府机构内部控制的发展及其启示 [J]. 厦门大学学报 (哲学社会科学版), 2009 (4).

[131] 张梦涛. "包容性增长": 科学内涵、时代价值与实践取向 [J]. 理论探索, 2011 (1).

［132］张茉楠．通过包容性增长重构中国发展模式［J］．现代审计与经济，2010（1）．

［133］张庆龙．政府部门内部控制：框架设计与有效运行［M］．北京：化学工业出版社，2012．

［134］张琦，张娟．供求矛盾、信息决策与政府会计改革——兼评我国公共领域的信息悖论［J］．会计研究，2012（7）．

［135］张昕．山东省省级行政单位部门预算管理问题研究［D］．济南：山东大学，2010．

［136］张兆国，张旺峰，杨清香．目标导向下的内部控制评价体系构建及实证检验［J］．南开管理评论，2011（1）．

［137］张志超．美国绩效预算的理论与实践［M］．北京：中国财政经济出版社，2006．

［138］赵瑾璐，李育青，梁怡．基于阿玛蒂亚·森视阈看"包容性增长"［J］．内蒙古社会科学（汉文版），2013（3）．

［139］赵劲松．浅谈提高财政审计一体化审计管理水平［J］．财会通讯，2004（23）．

［140］赵早早．中央预算执行审计与公共预算改革的关系研究——基于1996年至2014年全国人大常委会公报的内容分析［J］．审计研究，2015（3）．

［141］郑方辉，尚虎平．中国法治政府建设进程中的政府绩效评价［J］．中国社会科学，2016（1）．

［142］郑力．世界各国政府审计［M］．北京：中国审计出版社，1994．

［143］郑素芬．政府部门内部控制与审计的关系研究［D］．郑州：河南大学，2010．

［144］中国转型时期的财政审计研究课题组．中国转型时期的财政审计研究——中国转型时期财政审计的职能和任务——"中国转型时期的财政审计研究"系列报告之一［J］．经济研究参考，2007（49）．

［145］中国注册会计师协会标准部课题组．会计师事务所参与财政支出绩效评价的调研报告［R］．2014．

［146］周晓焱，张建华．包容性增长视角下的中国发展型社会福利政策论析［J］．西北农林科技大学学报（社会科学版），2011（6）．

［147］周燕．包容性增长与可持续发展［J］．思想战线，2011（S1）．

[148] 朱会敏. 审计全覆盖背景下政府环境审计外包研究 [J]. 财会研究, 2016 (10).

[149] 朱琳. 包容性增长：公平与效率的关系考量 [J]. 西南石油大学学报 (社会科学版), 2013 (2).

[150] 朱旭靓, 邱小云. "包容性发展" 内涵的维度解析 [J]. 重庆工商大学学报 (社会科学版), 2013 (2).

[151] 卓和平. 对政府财政支出绩效评价的探讨 [J]. 中国注册会计师, 2014 (7).

[152] 卓越, 吴盛光. 公共部门绩效评估在绩效审计中的功能作用 [J]. 甘肃行政学院学报, 2006 (4).

[153] 邹志仁. 中文社会科学引文索引 (CSSCI) 之研制、意义与功能 [J]. 南京大学学报 (哲学·人文科学·社会科学版), 2000 (4).

[154] 马克思恩格斯选集：第 1 卷 [M]. 北京：人民出版社, 1972.

[155] 马克思恩格斯选集：第 2 卷 [M]. 北京：人民出版社, 1972.

[156] 马克思恩格斯选集：第 4 卷 [M]. 北京：人民出版社, 1972.

[157] 马克思恩格斯选集：第 13 卷 [M]. 北京：人民出版社, 1972.

[158] Ali, I., H. Son, Defining and Measuring Inclusive Growth：Application to the Philippines, *ERD Working Paper Series*, 2007.

[159] Ali, I., Inequality and the Imperative for Inclusive Growth in Asia, *Asian Development Review*, 2007.

[160] Ali, I., X. Yao, Pro-poor Inclusive Growth for Sustainable Poverty Reduction in Developing Asia：The Enabling Role of Infrastructure Development, *ERD Policy Brief Series*, 2004.

[161] Bongani, N., Application of Internal Controls in NGOs：Evidence from Zimbabwe, *Journal of Finance and Accounting*, 2013.

[162] Du, F., Erkens, D. H., Young, S. M. Tang, G., How Adopting New Performance Measures Affects Subjective Performance Evaluations Evidence from EVA Adoption by Chinese State-Owned Enterprises, *The Accounting Review*, 2017.

[163] Femando, N., Rural Development Outcomes and Drivers：An Overview and Some Lessons, *EARD Special Studies*, 2008.

[164] Fredenck, C. Mosher., *A Tale of Two Agencies：A Comparative Analysis*

of the General Accounting Office of Management and Budget, Louisiana State University Press, 1984.

[165] Frederickson, G., J. Johnston, *Public Management Reform and Innovation: Research, Theory, and Application*, Alabama: University of Alabama Press, 1999.

[166] Frey, B. S., Homberg, F., Osterloh, M. et al., Organizational Control Systems and Pay – for – Performance in the Public Service, *Organization Studies*, 2013.

[167] Halachmi, A., Performance Measurement, Accountability, and Improved Performance, *Public Performance & Management Review*, 2002.

[168] Hall, T. W., Hunton, J. E., Pierce, B. J., Sampling Practices of Auditors in Public Accounting, Industry, and Government, *Accounting Horizons*, 2002.

[169] Hepworth, N. P., The role of performance audit, *Public Money & Management*, 1995.

[170] Hood, C., The "New Public Management" in the 1980s: Variations on a Theme, *Accounting, Organizations and Society*, 1995.

[171] Kaplan, R. S., Norton, D. P., The Balanced Scorecard—Measure that Drive Performance, Harvard Business Review, 1992.

[172] Klasen, S., Measuring and Monitoring Inclusive Growth, *ADB Sustainable Development Working Paper Series*, 2010.

[173] Lopez, D. M., Peters, G. F., Internal Control Reporting Differences among Public and Governmental Auditors: The Case of City and County Circular A – 133 Audits, *Journal of Accounting and Public Policy*, 2010.

[174] McNally, J. S., Controlself – Assessment: Everybody Pitching in with Internal Controls, *Pennsyl – vanis CPA Journal*, 2007.

[175] Mensah, Y. M., Schoderbek, M. P., Werner, R. H., A Methodology for Evaluating the Cost – Effectiveness of Alternative Management Tools in Public – Sector Institutions: An Application to Public Education, *Journal of Management Accounting Research*, 2009

[176] Micheli, P., Neely, A., Performance Measurement in the Public Sector in England: Searching for the Golden Thread, *Public Administration Review*, 2010.

[177] Minelli, E., Rebora, G., Turri, M., The Risk of Failure of Controls and Levers of Change: An Examination of Two Italian Public Sectors, *Journal of Ac-*

counting & Organizational Change, 2013.

[178] Neely, A., Adams, C., *The Performance Prism*: *The Scorecard for Measuring and Managing Business Success*, London: Financial Times Prentice Hall, 2002.

[179] Praveen Gupta, *Six Sigma Business Scorecard*: *Ensuring Performance for Profit*, New York: McGraw – Hill, 2003.

[180] Raniyar, G., Kanbur, R., Inclusive Growth and Inclusive Development: A Review and Synthesis of Asian Development Bank Literature, *ADB Occasional Paper*, 2009.

[181] Richard, E. Brown, Accounting and Accountability in Public Administration, *The American Society for Public Administration*, 1988.

[182] Roger, L. Sperry, Timothy, D. Desmond, Kathi, F. McGraw, Barbara Schmitt, *An Administrative History*, Washington, D. C.: U. S. General Accounting Office, 1981.

[183] Roger, R. Trask, *GAO History*: 1921 – 1991, Washington, D. C.: U. S. General Accounting Office, 1991.

[184] Ruggiero, J., Nonparametric Estimation of Returns to Scale in the Public Sector with an Application to the Provision of Educational Services, *The Journal of the Operational Research Society*, 2000.

[185] Saliterer, I., Korac, S., Performance Information Use by Politicians and Public Managers for Internal Control and External Accountability Purposes, *Critical Perspectives on Accounting*, 2013.

[186] Schick, Allen., *Congress and Money*: *Budgeting, Spending, and Taxing*, Washington, D. C.: Urban Institute Press, 1981.

[187] Schillemans, T., Busuioc. M., Predicting Public Sector Accountability: From Agency Drift to Forum Drift, *Journal of Public Administration Research and Theory*. 2015.

[188] Schwartz, R. M., Make Risk Management and Internal Control Work for You, *Strategic Finance*, 2006.

[189] Speklé, R. F., Verbeeten, F. H. M., The Use of Performance Measurement Systems in the Public Sector: Effects on Performance, *Management Accounting Re-

search, 2013.

[190] Stewart, J. D., *The Role of Information in Public Accountability in Issues in Public Sector Accounting*, Oxford: Philip Allan Publishers, 1984.

[191] Susanto, A., The Effect of Internal Control on Accounting Information System, *International Business Management*, 2016.

[192] The General Accountability Office, Internal Control Management and Evaluation Tool, 2001.

[193] The General Accountability Office, Standards for Internal Control in the Federal Government, 1999.

[194] The World Bank, *What is Inclusive Growth? Prmed Knowledge Brief*, Washington D. C.: Economic Policy and Debt Department, 2009.

[195] Thiel, S. V., Leeuw, F. L., The Performance Paradox in the Public Sector. *Public Performance & Management Review*, 2016.

[196] Tseng, C. Y., Internal Control, Enterprise Risk Management, and Firm Performance, *Smith School of Business*, 2007.

[197] U. S. General Accounting Office, Government Auditing Standards: Standard for Audit of Governmental Organizations, Programs, Activities, and Functions, 1988.

[198] White, F., Hollingsworth. K., *Audit, Accountability and Government*, Oxford: Oxford University Press, 1999.

[199] Worthington, A. C., Cost Efficiency in Australian Local Government: A Comparative Analysis of Mathematical Programming and Econometric Approaches, *Financial Accountability and Management*, 2000.